Josef Epp

Bevor ich auf der Strecke bleibe

Aus tiefen Quellen Kraft schöpfen

Kösel

Verlagsgruppe Random House FSC-DEU-0100
Das für dieses Buch verwendete FSC®-zertifizierte Papier
EOS liefert Salzer Papier, St. Pölten, Austria.

Copyright © 2011 Kösel-Verlag, München,
in der Verlagsgruppe Random House GmbH
Umschlag: Elisabeth Petersen, München
Umschlagmotiv: Eric Gevaert, Panthermedia.net
Druck und Bindung: Pustet, Regensburg
Printed in Germany
ISBN 978-3-466-37011-5

Weitere Informationen zu diesem Buch und unserem gesamten
lieferbaren Programm finden Sie unter
www.koesel.de

INHALT

'

Die Quelle in mir 49

Die Quelle im anderen 95

Die Quelle in Gott 134

Der Weg der Liebe – eine Zusammenfassung 183

Quellenverzeichnis 189

VORWORT

»Burn-out« bezeichnet seit Jahren ein Phänomen, das insbesondere auf spezifische Berufsgruppen bezogen und als Krankheitsbild umfassender Erschöpfung beschrieben wird. Dementsprechend breit gefächert sind entsprechende Literatur und therapeutische Angebote.

Ausgebrannt sind jedoch viele Menschen in alltäglichen Belastungssituationen, die in fachbezogenen Publikationen kaum angesprochen sind und von Hilfsangeboten nur teilweise erreicht werden. Im Alltag der Schule, der Klinikseelsorge und der Erwachsenenbildung begegnen mir zahlreiche Menschen, die umfassend erschöpft sind und sich in schweren Krisen befinden, ohne dass sie jemals auf die Idee kämen, von »Burn-out« zu sprechen.

Ausgebrannt sind Frauen und Männer, die sich über Jahre hinweg in bewundernswerter Weise einem häuslichen Pflegefall widmen und dabei oft anhaltend über eigene Bedürfnisse und Grenzen hinweggehen.

Ausgebrannt sind viele Frauen auf dem Land, die sich als Hausfrau und Mutter, Landwirtin und Altenpflegerin dauerhaft einer Vielfachbeanspruchung ausgesetzt sehen und dabei nicht selten einen kaum beachteten wirtschaftlichen Überlebenskampf führen.

Ausgebrannt sind viele Eltern, denen die Erziehungsprobleme mit ihren Kindern und Situationen der Überforderung im Umgang mit Kindergarten, Schule und Ausbildung über den Kopf wachsen.

Ausgebrannt sind viele Frauen und Männer, die im Spannungsfeld permanent hoher beruflicher Anforderungen, familiärer Konfliktsituationen, wirtschaftlicher Sorgen und altersbedingter Kräfteverluste in tiefe Krisen geraten.

Ausgebrannt sind Frauen und Männer, die im jahrelangen Kampf gegen chronische Krankheiten, in der ständigen Konfrontation mit der eigenen Begrenzung und in der Erfahrung des persönlichen Alterns Kraft und Mut zum Leben schleichend verloren haben.

All diesen Menschen liegen vergleichbare, oft ähnliche Erfahrungen zugrunde, die es zu benennen und zu deuten gilt, da das Bewusstsein für eine Situation oft den Umgang mit dieser bereits entscheidend verändert.

Mehr noch gilt es aber, grundlegende Quellen nahezubringen, aus denen Menschen Kraft und Lebensfreude schöpfen können. Dabei geht es vor allem darum, für die Pflege dieser Quellen, für den achtsamen Umgang mit wesentlichen Ressourcen als vorbeugende Handlungsweise zu motivieren, damit diese Quellen erst gar nicht versiegen.

Anliegen dieses Buches soll es sein, Gründe des Versiegens solch wichtiger Lebensquellen aufzuzeigen und zum achtsamen Umgang mit ihnen zu ermutigen. Dabei dienen biblische Erfahrungen als Anstöße und Orientierungshilfen. Sie sollen zu »Tiefenbohrungen« ermutigen und zur »Ausweisung seelischer Schutzgebiete« motivieren. Die zusammenfassenden Impulse am Ende jedes Kapitels verstehen sich als ein Angebot von einfachen Anregungen, aus denen ohne großen Aufwand ausgewählt werden kann. Sie wollen weder Rezepte bieten noch zu vollständiger Umsetzung auffordern.

Viele Gedanken, die hier niedergeschrieben sind, verdanke ich den offenen und oftmals beeindruckenden Gesprächen mit Betroffenen. Das Buch soll auch Ausdruck der Hochachtung für unzählige Menschen sein, die sich fernab von öffentlicher Aufmerksamkeit in bewundernswerter Weise der Bewältigung eines von vielen Lasten geprägten Lebens stellen.

DIE QUELLEN KÖNNEN VERSIEGEN

Kraft zum Leben

Leben erfordert Kraft – von den Geburts»wehen« bis zum Todes»kampf«. Schon zu Beginn ereignet sich ein kraftraubender Akt, der mit einer erschöpften Mutter (meist auch einem verausgabten Vater) und einem ermüdeten Säugling endet. Jede Bewegung fordert Anstrengung und verbraucht Energie. Mühsam ist es, auf eigenen Beinen zu stehen, die ersten Schritte zu tun und keiner lernt zu gehen, ohne dabei zu fallen und wieder aufzustehen. Das geht nicht ohne Kraftaufwand.

Den weiten Weg des Lebens meistern wir nur mit Kraft und Energie. Leib und Seele sind in ihrem Krafthaushalt lebenslang gefordert. Wie viel Konzentration, Anstrengung und Einsatz erfordert es, zu lernen und sich zu entwickeln? Grenzen und Niederlagen wollen ver-kraftet sein. Die Daseinssicherung durch Arbeit und Beruf geht uns an die Kräfte, die Erziehung von Kindern, das Engagement in wichtigen Anliegen nicht weniger.

Das Loslassen der Kinder, die ihre eigenen Wege gehen, entwickelt sich oft genug zu einer hohen Anforderung an die seelischen Kräfte. Die Erfahrung, dass unsere körperlichen Ressourcen begrenzt sind, die Schritte schwerer fallen, die nötigen Erholungsphasen länger werden, nagt und zehrt an unserer Lebensenergie. Älterwerden will realisiert sein und es erfordert nicht wenig Disziplin und innere Kraft, den letzten Lebensabschnitt verantwortlich zu gestalten.

Leben empfängt Kraft – auch diese Erfahrung dürfen wir machen. Unser Körper kann Luft, Licht, Nährstoffe energetisch verarbeiten. In besonderen Belastungssituationen erhöht er die Produktion, Hormone werden verstärkt ausgeschüttet und geben Kraft und Ausdauer auf harten Wegstrecken. Die Seele kann auftanken, wenn ihr Ruhe oder bereichernde Eindrücke geschenkt werden. Intensive Zuwendung setzt Energien frei und lässt uns spüren, dass uns oft genug auch unerwartet neue Kräfte zuwachsen.

Zum Glück haben wir von Natur aus reichlich Energie. So empfinden wir es im Normalfall nicht als Kraftaufwand, die selbstverständlichen Dinge zu tun und die alltäglichen Aufgaben zu erledigen. Natürlich werden wir müde, spüren wir Erschöpfung, doch unsere Energien können sich erneuern, erholsamer Schlaf, ein gutes Essen, wohltuende Pausen lassen uns neue Kraft finden. Oft genug spüren wir es gar nicht, wie viel das Alltagsleben uns abverlangt, zuweilen realisieren wir erst am Ende eines Tages, einer Aufgabe, einer Lebensphase, wie kraftraubend das zurückliegende Teilstück unseres Lebens war. Und wir erleben lange Phasen unseres Lebens, in denen das natürliche Wechselspiel von Anstrengung und Erholung, Kraftverbrauch und Kräftesammeln wie von selbst abläuft.

Doch immer wieder stehen Menschen vor Aufgaben und Ereignissen, die weit über den üblichen Kraftaufwand hinausgehen. Der Kampf gegen eine Krankheit, die Sorge um einen nahen Menschen, bittere Verluste, Liebeskummer oder Trennungsschmerz, die belastende Angst um einen Arbeitsplatz, das ständige Anwachsen der Aufgaben, das unerwartete Schicksal.

Da ist die Frau in der Mitte des Lebens, die Kinder sind aus dem Haus, die finanzielle Situation ist gesichert und langsam erwacht der Wunsch, nun den Lebenswünschen Raum und Zeit zu geben, die lange hintangestellt wurden. Freude entflammt, die Aussicht auf Lebensqualität lässt Energien wachsen. Da erleidet ein Elternteil eine schwere Krankheit, wird zum Pflegefall und von heute auf morgen steht die Frau voller Lebenspläne vor der Situation, durch die häusliche Pflege dauerhaft gebunden zu sein. Woher soll nun die Kraft genommen werden?

Da ist der Landwirt, der in langer Familientradition seinen Betrieb führt und dies mit Freude und innerer Überzeugung tut. Sieben Tage in der Woche und viele Stunden am Tag setzt er sich engagiert für Tier, Feld und Acker ein. Innovativ modernisiert er seinen Hof, flexibel stellt er sich auf sich verändernde Bedingungen ein. Doch mehr und mehr muss er realisieren: Die wirtschaftliche Grundlage für den Lebensunterhalt bricht weg, die Produkte sind immer weniger wert, die bürokratischen Hindernisse wachsen an, der Ertrag schmilzt beständig ab. Was über viele Jahrzehnte als Broterwerb für die Familie sicher war, verliert an Stabilität. Aus welchen Quellen soll man leben, wenn man ein Höchstmaß an Arbeit aufbringt und bei der Bilanz sehen muss, dass es nicht reicht?

Unvermittelt stehen Menschen vor der Situation, dass die alltägliche Kraft nicht mehr zur Verfügung zu stehen scheint. Es fällt morgens schwer, sich dem Tag zu stellen, auf-zu-stehen. Was über Jahre wie selbstverständlich abgelaufen ist, funktioniert nicht mehr, auch kleine Erledigungen fordern jetzt Überwindung. Plötzlich werden auch Kleinigkeiten vor sich hergeschoben und die Unübersichtlichkeit im eigenen Leben blockiert und macht Angst. Rechnungen und Behördenschreiben stapeln sich, nötige Termine werden nicht mehr vereinbart oder eingehalten, der unaufgeräumte Tisch wird zum schier unüberwindlichen Problem – es fehlt einfach hinten und vorne an Reserven, an Energie und an innerem Antrieb. Lebensfreude verflüchtigt sich immer mehr, führt ein kümmerliches Nischendasein und die Anstrengung des Lebens lässt keine Räume mehr.

Leben ereignet sich im Wechselspiel von erforderlicher und zur Verfügung stehender Kraft. Die Natur hat vorgesorgt, dass dieses Wechselspiel über lange Lebensphasen gelingen kann. Es tut gut, an sich selbst zu beobachten, wie Kräfte verbraucht werden, wie Energien aufzuwenden sind, und zugleich wahrzunehmen, wie wir uns erholen, wie wir neue Kraft schöpfen, wie die Erfahrung von Lebenskraft Selbstwert und Zuversicht schenkt.

Doch es ist auch wichtig, sorgsam darauf zu schauen, wenn dieses Wechselspiel aus dem Gleichgewicht gerät. Wenn der Kraftverbrauch in einem Missverhältnis zum Kraftaufbau steht. Wenn wachsende Belastungen immer mehr von uns fordern und der Raum für die Kräftigung immer enger wird. Wenn große Aufgaben unseres Lebens von uns Kräfte fordern, von denen wir nicht wissen, woher wir sie nehmen sollen, sind wir herausgefordert, über unsere Kraftquellen grundsätzlich nachzudenken.

Gefährdete Quellen

Sensible Wege

Sensibel
Ist die erde über den quellen: kein baum darf
gefällt, keine wurzel
gerodet werden

Die quellen könnten
versiegen

Wie viele bäume werden
gefällt, wie viele wurzeln
gerodet

in uns

Reiner Kunze

Scheinbar widmet sich der Dichter einem ökologischen Thema: der Schutzbedürftigkeit des Wassers. Wasser als Lebenselixier ist kostbar. Frühe Menschensiedlungen richteten sich nach Flüssen oder Quellen, Wasserquellen sind lebensnotwendig. In Ländern Afrikas ist der Bau von Brunnen noch heute ein entscheidendes Ereignis der Schaffung von Lebensqualität und der Ermöglichung vieler menschlicher Entwicklungen. Der Zugang zu unbedenklichem Trinkwasser ist Millionen von Menschen verwehrt.

Daher sind Wasserquellen auch stets eines besonderen Schutzes bedürftig. Dort, wo Quellen entdeckt und für das Leben genutzt werden, sind die Eingriffe durch den Menschen mit großer Achtsamkeit zu bedenken und zu begrenzen. Denn: Sensibel ist die Erde über den Quellen. Brachiale Eingriffe, unbedachte Rodungsmaßnahmen, einschneidende Veränderungen können dazu führen, dass die Quellen versiegen. Daher kennt unsere Gesellschaft ein komplexes Gesetzes- und Verfahrenswerk zur Ausweisung von Wasserschutzgebieten.

Dieser eigentlich selbstverständlichen Einsicht handeln Menschen zuwider. »Bäume werden gefällt, Wurzeln gerodet« – die lebenswichtigen Wasserquellen werden wider besseres Wissen durch unachtsame Eingriffe gefährdet. Dabei lässt der Dichter die Frage offen, aus welchen Motiven dies geschieht, es bleibt unserer Interpretation überlassen. Ist es Gedankenlosigkeit, Gewinnsucht, Rücksichtslosigkeit aus Egoismus, Bequemlichkeit – die Motive der Quellgefährdung können vielschichtig sein.

Bis zur vorletzten Gedichtzeile bleibt der Eindruck, es ginge um Wasserquellen und deren Schutz. Dann – mit zwei Worten – schafft Reiner Kunze einen völlig anderen poetischen Bezug: Das Bild von der Wasserquelle und der Bedrohung durch gefährliche Eingriffe wendet sich auf die einzelne Person hin, verdichtet sich als Sinnbild für die eigene Lebenserfahrung: »in uns«.

In uns ruhen Quellen, die für unser Leben entscheidend sind: Lebensenergie, Lebensfreude, die Erfahrung von Selbstwert und Grundvertrauen, Beziehungsfähigkeit und Akzeptanz gehören gewiss dazu. Auch diese Quellen liegen in sensiblem Gebiet, bedürfen des Schutzes. Es gibt eine Ökologie der Seele, in der die innersten Quellgebiete eines Menschen in den Mittelpunkt rücken.

Doch auch im Schutzbereich dieser Lebensquellen erfolgen gefährdende Eingriffe, wird gerodet und verwüstet.

Ich denke an die Frau Ende vierzig, die beide kranken Elternteile gepflegt und deren Tod innerhalb eines Jahres zu verkraften hat. Es war ein kraftraubender Weg, auf dem wenig Zeit blieb für die eigenen Bedürfnisse. Trauer und Abschied lasten zusätzlich auf der Seele. Doch es kommt keine Erholung, auch die Zeit heilt die Wunden nicht. Ganz im Gegenteil: Die Frau fühlt sich in ihrer Familie mehr und mehr fremd. Der Mann führt weitgehend sein Eigenleben, die bereits erwachsenen Kinder genießen das »Hotel Mama«. Lange Zeit nahm sie das nicht wahr, beansprucht von den kranken Eltern. Doch jetzt, da neue Räume offen wären, fühlt sie sich wie das fünfte Rad am Wagen.

Auf die Frage, wann sie das letzte Mal eine zärtliche Umarmung erfahren hat, spricht tiefe Traurigkeit aus den Augen: versiegende Quellen. Schon lange keine Wertschätzung mehr, alles ist selbstverständlich, die Ansprüche sind klar und scheinen unumstößlich. Ihr zarter Versuch, die Situation anzusprechen und eigene Gefühle zu artikulieren, erntet Verständnislosigkeit. Ja sie wird mit dem Vorwurf konfrontiert, unzufrieden und undankbar zu sein. Über ihren Quellen wird gerodet und gefällt. Das Sortieren der vielen Erfahrungen, der Trauer, der geschwundenen Kräfte, der Verletzungen führt in depressive Situationen. Die Quellen scheinen versiegt.

Dass »in uns« Eingriffe geschehen, die Lebensquellen bedrohen, die in hohem Maße an die Kraft gehen, ist kein Einzelfall. Der vierzigjährige Geschäftsmann, der alles dem beruflichen Erfolg untergeordnet hat, der kaum zu Hause war, die Erziehung der Kinder seiner Frau übertrug und auch die eigene Gesundheit nicht schonte, erlebt die Erkrankung der Herzkranzgefäße als Zäsur, die ihn in eine Lebenskrise stürzt. Mühsam nimmt er wahr, wie sehr er sensible Bereiche über wichtigen Lebensquellen missachtet hat.

Der knapp fünfzigjährigen Frau, die durch schwere Krankheit ihren Lebenspartner nach vielen glücklichen Jahren verloren hat, entzieht sich jeder Zugang zu Lebensquellen. Das harte Schicksal hat zugeschlagen, vertraute Wege, die Geborgenheit und Selbstsicherheit im Miteinander, das Gefühl, zu wissen, wohin man gehört – alles scheint versiegt, weggebrochen. Die Geologie des eigenen Lebens gerät in Unordnung, tiefe Schichten verschieben sich und auf einmal kann der Mensch nicht mehr dort schöpfen, wo so lange Quellen waren.

Die Quellen können versiegen. Manchmal, weil man selbst mit dem Quellgebiet unachtsam umgegangen ist, dann wieder, weil äußere Einflüsse, Schicksal und fremde Eingriffe alles verändern. Nicht immer spüren wir die Gefährdung von Quellen rechtzeitig. Schleichende Prozesse sind gefährlich, weil sie sich der bewussten Wahrnehmung lange entziehen können. Signale des Körpers werden verdrängt und fehlinterpretiert, leise Andeutungen naher Menschen abgetan, Verluste an Lebensfreude und -kraft nicht ernst genommen oder als vorübergehend interpretiert.

Unsere Gesellschaft kennt unzählige Schutzinitiativen: Arten und Pflanzen, Landschaften und Tiere, Straßenverkehr und Bausicherheit unterliegen schützenden Maßnahmen. Wo bleibt der Schutz der einzelnen Seele? Wo bleibt die Ausweisung der persönlichen Schutzgebiete, die es ernst nimmt, dass die Erde über unseren Quellen sensibel ist und unsere Quellen auch versiegen können?

Was so viel Kräfte kostet

Das Buch der Psalmen als Gebetbuch der Bibel spannt einen weiten Bogen. Dank und Lobpreis finden dort ihren Ausdruck, aber auch Klage und Hader. Jubel und Triumph werden vor Gott getragen, ebenso Schmerz und Aussichtslosigkeit. Schillernd sind die Empfindungen, die sich im Gebet artikulieren, das macht die Psalmen so lebensnah und authentisch.

Im Psalm 102, auch »Gebet eines Unglücklichen« genannt, finden wir ausdrucksstarke Stoßgebete eines Menschen in Not:

»Meine Tage sind wie Rauch geschwunden,
meine Glieder wie von Feuer verbrannt.
Versengt wie Gras und verdorrt ist mein Herz,
sodass ich vergessen habe, mein Brot zu essen.
Ich liege wach, und ich klage
wie ein einsamer Vogel auf dem Dach.«

Psalm 102, 4–5.8

In wenigen Sätzen verdichtet und doch ganzheitlich wird die Situation des entkräfteten Menschen ausgesprochen, vor rund 2500 Jahren ein eindrucksvolles Zeugnis für das, was wir heute auch »Burn-out« nennen.

In der Dichte der Worte erkennen wir mehrere Schichten dessen, was uns die Kräfte so nachhaltig raubt, was unsere Lebensquellen bedroht. Ein Mensch fasst seinen physisch-psychischen Verfall in eindringliche Worte und spricht damit vielen anderen aus dem Herzen. Er zeigt die Facetten seines Unglücks auf und weist uns auf ganz entscheidende Gefährdungen unserer Quellen hin.

Zerrinnende Zeit

Vergänglichkeit

Unsere Digital- und Analoguhren sind trügerisch: Sie interpretieren Zeit als ständige Wiederholung, als Kreislauf, als Angabe einer definierten Zeit. Petrus Ceelen hat sehr treffend formuliert: »Jeder weiß, wie viel Uhr es ist. Wie spät es ist, weiß keiner.« Einzig die Sanduhr macht eine entscheidende Dimension der Zeit sichtbar: sie ver-geht. Jedes Sandkorn fällt einmal durch den engen Hals, so wie jeder Tag unseres Lebens einmal Gegenwart und dann vergangen ist. Niemand kann sich dem entziehen, dass alle Lebenszeit wie der Sand in der Sanduhr einem Ende entgegengeht.

»Meine Tage sind wie Rauch geschwunden«, stellt der Beter des Psalmes fest und scheint dabei eine Binsenweisheit auszusprechen. Doch dahinter steht die anstrengende Erfahrung der eigenen Vergänglichkeit.

Wo ist die Zeit geblieben? Wie oft fragen sich das Menschen. Es gibt bestimmte Nahtstellen, an denen es besonders bewusst wird, wie doch die Zeit vergeht: die Einschulung der Kinder und deren Erwachsenwerden, Jubiläen und besondere Geburtstage, das Erreichen von Altersgrenzen, der Tod der Eltern und naher Menschen, das Altern. Solche Nahtstellen werden oft gefeiert, doch sie verursachen auch Schmerz und kosten Kraft, denn uns wird vor Augen geführt, dass unser Leben vergeht und nichts beständig bleibt, dass wir einem Ende entgegengehen.

Dabei gibt es Lebensphasen, die scheinen auf ewig angelegt. Alles läuft reibungslos, der Broterwerb gelingt, die Kinder bereiten Freude, Arbeit und Freizeit verschaffen Lebensqualität und vermitteln Zufriedenheit. So könnte es weitergehen. Doch so geht es nie auf Dauer weiter. Gerade in den Augenblicken erfüllten Lebens wird uns oft auch schmerzlich deren Kurzlebigkeit deutlich. Wir leben im Bündnis mit der Zeit und das Zerrinnen verursacht auch Tränen und Trauer, wie Hilde Domin es kunstvoll zum Ausdruck bringt:

Schlimmes Bündnis

Wir verbünden uns mit der Zeit
dieser Abschöpferin
aller Freude
»Hier hast du nimm«
Und sie nimmt

Sie ist sehr groß
im Nehmen

Sie ist sehr groß
im Lassen
Sie gönnt uns
ungeschmälert
die Tränen

Hilde Domin

Mitten in der Lebensfülle keimt der Gedanke, dass all dies vergeht. Unsere Lebenszeit begreifen wir als »Windhauch«, wie es der Prediger des Alten Testaments formuliert. Irgendwann kommt der Bruch, die unvermeidbare Veränderung, die Erkrankung, die Begegnung mit Alter und Tod, Vergänglichkeit und Zerbrechlichkeit des Lebens.

Gerade in der Mitte des Lebens, die ja zuweilen als wohlsituierte, sorgenfreie Zeit verstanden wird, verdichtet sich die Erfahrung der Vergänglichkeit. Viele Menschen erfahren in der Mitte des Lebens eine doppelte Herausforderung: das Loslassen der erwachsenen Kinder und den Abschied von der Elterngeneration. Von zwei Seiten wird schmerzlich und unausweichlich erfahren, wie der Wandel unser Leben bestimmt und viel von uns fordert.

Was unsere Herkunft war und wo wir unsere Wurzeln wissen, geht dem Alter und dem Tod entgegen. Was über Jahrzehnte unser Lebensinhalt und unsere Hauptaufgabe war, geht seine eigenen Wege. Und wir stehen wie so oft an einem Übergang und spüren, dass die Lebenszeit begrenzt und alles im Wandel ist.

Da stehen Abschiede bevor und in uns ist die schmerzliche Einsicht, dass wir noch so viel mit dem Menschen hätten tun oder sprechen wollen. Da geht ein Urlaub zu Ende und wir hätten noch so viel erkunden, sehen und unternehmen wollen. Da vergeht ein Arbeitstag und so vieles ist noch unerledigt. Da verlässt ein lieber Besuch die Wohnung und es hätte noch so viel zu besprechen gegeben. So zeigt sich die

Vergänglichkeit vielfältig im Alltäglichen, doch auch weit darüber hinaus in tiefen Lebenserfahrungen.

Alltäglich und an Wendepunkten unseres Lebens stehen wir vor der Begrenzung unseres Lebens. Alles ist befristet, nichts währt ewig. Manchmal ist das ein großer Trost, doch oft kostet dieses Dahinschwinden der Tage auch enorm viel Kraft: akzeptieren, dass wir den Augenblick nicht festhalten können, dass Abschiede verschmerzt werden müssen, dass wir einem Ende entgegensehen.

Die Erfahrung, dass ein Lebensabschnitt unvermeidlich zu Ende geht, die Konfrontation mit unserer Endlichkeit in schwerwiegenden Verlusten oder das Bewusstsein, dass ein Großteil unseres Lebens gelebt ist, kann nicht auf Dauer umgangen werden. Irgendwann stellen sich diese Erfahrungen in den Lebensweg, fordern Auseinandersetzung und kosten Kraft.

Nirgends können wir auf immer bleiben, jeden Abend müssen wir in den Schlaf hinein den Tag loslassen. Wo immer wir sind, es bleibt uns nicht erspart, den Augenblick, die Beheimatung, die Lebensphase zu verlassen. Dieses Verlassen macht viele Menschen traurig und ratlos. Vielleicht versuchen sie, etwas festzuhalten, sich dem Strom der Zeit zu entziehen, doch kann dies auf Dauer nicht gelingen. Die Tage schwinden, das Leben vergeht, wir müssen jede Station unseres Lebens verlassen und lassen dabei so viele Kräfte.

Körperlicher Verschleiß

Wie ein Wunderwerk darf unser Körper erfahren werden: das Zusammenspiel unzähliger Prozesse, die faszinierende Welt von Stoffwechsel, Gehirnleistung, energetischen Abläufen und Koordination. Das Staunen geht jedoch Hand in Hand mit der Erfahrung von Begrenzung und Schwäche. Der Körper ist kein Perpetuum mobile und auf ewige Bewegung angelegt, sondern er unterliegt dem Verschleiß, dem Abbau, der Verletzlichkeit. Vergänglichkeit und Sterblichkeit sind keine unerwünschten Betriebsunfälle, sondern wohnen dem Körper inne, sind Teil seiner Wirklichkeit.

Welch wunderbare Stoßdämpfer haben wir mit den Bandscheiben für unsere Wirbelsäule. Sie kompensieren Druck, geben Elastizität, spielen für unsere schmerzfreie Beweglichkeit eine enorme Rolle. Doch unzählige Menschen wissen, wie anfällig diese Bandscheiben auch sind. Durch Überlastung und Fehlhaltung können sie geschädigt und somit Ursache für große Schmerzen und Einschränkungen werden.

Viele Lebenssituationen führen zu einer oft jahrelangen Überlastung des Körpers. War es in früheren Generationen oft die harte körperliche Arbeit, ist es heute beispielsweise stundenlange Fehlhaltung bei sitzenden Beschäftigungen oder Bewegungsmangel. Schleimhäute und Immunsystem leiden durch jahrelange Arbeit in klimatisierten Räumen. Das ständige Stehen am Arbeitsplatz bleibt nicht ohne Folgen für Wirbelsäule und Gelenke. Die Vernachlässigung der

Ernährung im Alltagsstress beeinträchtigt Stoffwechsel und Wohlbefinden und wird zum Risikofaktor.

Doch da ist auch die über siebzigjährige Frau, die jahrelang ihren bettlägerigen Mann pflegt. Mehrmals in der Nacht wird sie geweckt, pflichtbewusst reinigt sie ihn, lagert sie ihn um, bringt das Bett wieder in Ordnung. Trotz Hilfe durch ambulante Pflegedienste ist sie stundenlang mit Füttern, Wickeln, Waschen beschäftigt. Immer ist sie mit einem Ohr im Nebenraum, hat sie Angst vor den Versuchen des Mannes, aufzustehen, dem Risiko des Sturzes. Das Stöhnen des Mannes, sein manchmal unkontrolliert lautes Rufen zerrt an ihren Nerven. Sie schläft zu wenig, isst unregelmäßig, hebt schwer und hat kaum anhaltende Ruhephasen. Und so kommt es auch für diesen Menschen zur Aussage des Psalmes: »meine Glieder sind wie von Feuer verbrannt«. Mit »Gliedern« meint der biblische Text die Knochen und Gebeine, die dem Körper Standfestigkeit und Halt geben, ihn aufrecht gehen lassen. Den Verlust all dessen beklagt der Sprecher dieser Verse, stellvertretend für so viele Menschen.

Die hohen Anforderungen von Beruf, Familie und Alltag werden oft zur Belastungsprobe für den Körper: Von früh bis spät auf den Beinen sein, von der Arbeit nach Hause kommen und dort einen Berg von Wäsche bewältigen müssen, nächtelang mit einem schreienden Kind keinen Schlaf finden, in höchster Konzentration der Anforderung von Bildschirmarbeitsplätzen ausgesetzt sein. Erkennen, dass die jahrelangen Belastungen nicht ohne Folgen blieben, dass der Rücken schmerzt, die Gelenke Probleme bereiten, der Magen empfindlich ist, die Lebensgewohnheiten zur Bedrohung für Blutdruck und Herz geworden sind.

So unterschiedlich die individuelle körperliche Konstitution sein mag, wie ungerecht die Anteile an Robustheit und Anfälligkeit auch verteilt sein mögen, jeder von uns wird auf seine Weise mit der Realität konfrontiert, dass der Körper eines Tages verbraucht ist, die Glieder erschöpft, die Kräfte am Ende sind.

Verlorene Gefühle

Lachen und Weinen, Freude und Trauer – wie authentisch leben uns Kinder das breite Spektrum menschlicher Gefühle vor. Das herzerfrischende Lachen, das lebensfreudige Kreischen, das untröstliche Weinen, das arglose Vertrauen und die unverstellte Angst liegen für Kinder oft ganz nah beieinander. Im Laufe des Lebens wird erlernt, Gefühle zu kontrollieren, sie sachlichen Zwängen unterzuordnen. Dies dient auch unserem Schutz. Manch einer erlernt dieses Kapitel aber so konsequent, dass niemand mehr seine wahre Gefühlslage erkennen kann.

Gefühle beinhalten ein dichtes Erleben, eine tiefe und unmittelbare Erfahrung der eigenen Wirklichkeit. Sie betreffen den ganzen Körper, verursachen Herzklopfen, rote Wangen, Schweißausbrüche und Schmetterlinge im Bauch. Gefühle sind ganzheitlich und ermöglichen einen authentischen Zugang zum Leben, sie sind eine lebendige Quelle. Sie gehen tiefer als das Bewusstsein und helfen uns oft wie ein Navigationssystem, wenn wir »auf unser Gefühl hören«. Natürlich machen sie auch verletzbar, können sie täuschen, deshalb suchen wir nach dem rechten Umgang mit den Gefühlen, unterscheiden wir zwischen Lebensbereichen, in denen wir unsere Gefühle zeigen, und solchen, in denen wir sie eher unter Verschluss halten.

Unter hoher Anforderung wird es zur oft lang anhaltenden Pflicht, eigene Gefühle zurückzustellen: die Angst nicht zu zeigen, den Ärger hinunterzuschlucken, die Trauer zu verbergen. Zum Selbstschutz bauen Menschen eine Mauer der Beherrschtheit auf, mit der sie die Verletzbarkeit der Gefühle und die eigene Verunsicherung unter Kontrolle bringen wollen. »Es geht schon ...«, »da muss man durch ...«, »was will man machen ...«, »da darf man sich nicht hängen lassen ...«, lauten dann Floskeln und Durchhalteparolen.

So führt eine lang anhaltende hohe Beanspruchung für manche Menschen dazu, dass der eigene Gefühlshaushalt weitgehend nivelliert wird. Eingeübte Kontrollmechanismen werden eingeschaltet, wenn das ungute Gefühl hochkommt, wenn man sich zum Heulen fühlt, wenn Aggression spürbar wird. Mit einem kontrollierten Gesichtsausdruck versucht man der Umgebung und sich selbst den Eindruck zu vermitteln, alles im Griff zu haben. Für Gefühle bleibt scheinbar kein Platz. Ein maskenhaftes Lächeln soll nach außen signalisieren, es sei alles weitgehend in Ordnung.

Für viele pflegende Angehörige ist es ein Tabu, gerade über diese Aggressionen zu sprechen, die auftauchen, wenn sich der pflegebedürftige Patient zum x-ten Mal kurz nach der Reinigung wieder verschmutzt hat, wenn er zum wiederholten Mal die Nachtruhe stört, wenn er seine ganze Körperkraft gegen die Hilfestellungen einzusetzen scheint. Mit Schuldgefühlen wehren sich die Pflegenden gegen Momente der Aggression, unerwünschte Gefühle versucht man wegzudrücken wie einen unpassenden Anruf.

Nach längeren Wegstrecken hoher Belastung wissen dann Menschen oft keine Antwort auf die Frage: »Wann haben Sie das letzte Mal gelacht, geweint, geschrien ...?« Das Durchhalten in schwierigen Situationen ging auf Kosten der Gefühle, »versengt wie Gras und verdorrt ist mein Herz« können sie dann mit dem Psalm sprechen.

Wenn aber die eigenen Gefühle unter Dauerdruck stehen, wenn sie im Alltag nicht mehr vorkommen, kaum mehr wahrgenommen und durch Frühwarnsysteme in die Schranken verwiesen werden, wird ein bedeutsamer Zugang zu Lebensquellen unterbrochen. Ganz abgesehen davon, dass dies auf Dauer ohne schwere seelische Verletzungen nicht gelingen kann, führt der schleichende Verlust an Gefühlen, das Verdorren des Herzens zu einer lähmenden Entkräftung, die uns Lebensfreude mehr und mehr nimmt. Das Herz, in der biblischen Sprache Mitte der menschlichen Person, ist ausgebrannt und leer, die eigene Mitte verloren. Wir begegnen der Wirklichkeit unseres Lebens wie durch einen Schleier. Dieser Verlust an

Unmittelbarkeit schränkt aber unweigerlich auch Lebensfreude und -energie ein.

Vernachlässigung

Zeitlos können Menschen mit den Worten des Psalmes sprechen:»Ich habe vergessen, mein Brot zu essen.« Wie vielen ergeht es so, dass sie nach einem langen Tag bemerken, dass sie noch gar nicht richtig gegessen haben? Wie oft findet Ernährung als kraftspendender und bedeutsamer Vorgang nur am Rande, flüchtig und unzureichend statt?

Dabei geht es beim »Brot« um mehr als die richtigen Mahlzeiten. Brot ist grundlegendes Lebens-mittel, Inbegriff dessen, was wir zum Leben brauchen, das sprichwörtliche »tägliche Brot«, um das wir auch im Vaterunser bitten. Es kennzeichnet schwere Belastungssituationen, dass das Notwendige vernachlässigt wird, dass »Lebensmittel« nicht mehr den Stellenwert erhalten, der ihnen zukommt. Dies bleibt aber nicht ohne Folgen.

Wer über lange Zeit seine Ernährung vernachlässigt, gefährdet seine Gesundheit und bringt seinen Energiehaushalt in Unordnung. Wer über lange Zeiten keinerlei Ruhepausen einhält, nimmt für Körper und Seele eine Daueranspannung in Kauf, die irgendwann zu kollabieren droht. Wer seinem Körper sinnvolle Bewegung dauerhaft vorenthält, geht hohe Risiken ein.

Keineswegs ist dies stets auf Achtlosigkeit und Leichtsinn zurückzuführen, sondern für viele Betroffene die Folge immenser Anforderungen. Eine junge Mutter von vier Kindern kommt aus dem Ausland in ihre Heimat zurück, ihre Beziehung ist nach quälenden Auseinandersetzungen zerbrochen. Nun gilt es, die Familie über Wasser zu halten, sich den seelischen Verwundungen der Kinder zu widmen, eine menschenwürdige Wohnung zu finden und zu bezahlen, den schulischen Neustart der beiden größeren Kinder zu begleiten. Mit Teilzeitjobs muss das nötige Geld für den Lebensunterhalt verdient werden, nach Jahren im Ausland gibt es nur ein schwaches soziales Netz der Unterstützung und zu allem Übel erkrankt auch noch der eigene Vater an Krebs und die Frau versucht, ihm in seiner strapaziösen Chemotherapie beizustehen.

Wo man hinsieht Aufgaben und Anforderungen, hohe körperliche und emotionale Belastung. Die Frau muss ihre Zeit optimal einteilen, immer gibt es etwas zu tun, nie ist sie fertig und parallel zu allen Arbeiten gilt es innerlich weiter zu planen, von Sorgen und dem Bangen um die Zukunft für sich selbst und die Kinder ganz zu schweigen. Abschalten ist nicht mehr möglich. Es wird selbstverständlich, dass der Tag vierzehn Stunden dauert, der Haushalt wird oft in der Nacht erledigt, wenn irgendwo zwei Stunden nicht belegt sind, werden sie für einen dringenden Behördengang, eine Sprechstunde in der Schule genutzt.

In Ruhe dasitzen und eine Mahlzeit genießen, ausreichend Schlaf, Entspannung für Körper und Seele werden für die Frau zu Fremdworten. Und eines Tages folgt der nahezu unvermeidliche Zusammenbruch. Organisch alles in Ordnung, stellen die Ärzte fest. Und trotzdem sind da die Panikattacken, das Herzrasen, die Schweißausbrüche, die seelischen Tiefpunkte. Ergebnisse eines langen Prozesses, die deutlich machen, notwendiges Brot wurde schon lange nicht mehr gegessen, eigene Bedürfnisse hatten keinen Platz mehr und mussten vernachlässigt werden.

Kraft geht verloren, wenn sie über lange Strecken nur abgebaut wird und keine Nahrung erhält. Wenn auch oft mit langer Verzögerung: Körper und Seele leiden unter der Vernachlässigung elementarer Bedürfnisse.

Ruhelosigkeit

Schlaflose Nächte kennt – fast – jeder. Müdigkeit und Erschöpfung lassen uns in den Schlaf sinken, ihre Ursachen können uns aber auch den Schlaf rauben. Es gelingt nicht, zu entspannen, das Absinken in einen erholsamen Ruhezustand wird blockiert, die belastenden Bilder holen uns ein. Im Halbwachen verfolgen uns stressende Träume, Konflikte tauchen ständig wieder vor unseren Augen auf, unerledigte Probleme wollen uns nicht loslassen.

Schlafstörungen sind ein signifikantes Symptom fortgesetzter Erschöpfungszustände. »Ich liege wach«, bringt es der Psalm 102 auf eine kurze Formulierung. Obwohl große Müdigkeit aufsteigt, kommt der erholsame Schlaf nicht. Man ist »überdreht«, das Verarbeitungssystem von Schlaf und Traum ist offensichtlich überfordert. Etwas in uns stört immer wieder die Ruhe, nagt an unseren Gedanken und Gefühlen.

Dann kann noch hinzukommen, dass man mit einem Ohr immer auf das kranke Kind horcht, das, von Bronchitis geplagt, in seinem Bett schwer atmet. Der halbwüchsige Sohn ist im Streit aus dem Haus gegangen und zum wiederholten Mal glaubt man, die Haustüre gehört zu haben – eine Täuschung. Wo bleibt er nur? Man kann die belastenden Gedanken nicht loswerden und nun tauchen in der Ruhelosigkeit immer neue Ängste auf. Der Kontostand sieht bedrohlich aus, der Ärger im Büro zehrt an den Nerven, eine wichtige Entscheidung steht an. Schutzlos ist man einer Flut beunruhigender Gedanken ausgeliefert. Und dann liegt man wach da, hört das Schlagen der Uhren, Stunde um Stunde vergeht, wie gerädert steht man am Morgen auf.

Es gibt viele Variationen einer Geschichte, in der Menschen auf einem weiten Weg sich plötzlich weigern weiterzugehen, mit der Begründung, ihre Seelen müssten nachkommen. Dieser gerne erzählten Geschichte liegt die Erfahrung zugrunde, dass Ruhe und Verarbeitung unverzichtbar sind und der Mensch nicht immer in der »Rushhour« leben kann. Geschwindigkeit des Lebensalltags und Tempo der Verarbeitung bewegen sich nicht immer im Gleichklang. Wenn aber diese Phasen der Er-holung, in der die Seele nachkommen kann, über lange Zeit hinweg ausfallen, geht die Einheit der Person verloren, wird man innerlich zerrissen, Kraftquellen versiegen.

In solch entkräfteten und ruhelosen Zuständen wird dann deutlich, dass Körper und Seele nicht auf Knopfdruck funktionieren und die Ruhe sich nicht befehlen lässt. Die freien Stunden und Tage, von denen man Entspannung erhofft, werden dann oft auch von innerer Unruhe und Gefühlsschwankungen geprägt. Man hat Zeit, findet aber keine Ruhe, man kann sich von der Anforderung entfernen, findet aber keinen Abstand, man entgeht der Anspannung, entspannt sich aber nicht. Und wieder liegt man wach und nimmt wahr, wie leer und kraftlos man geworden ist.

Vereinsamung

Ein Mann mittleren Alters wird mit akuten Magenbeschwerden in die Klinik eingeliefert. Außer einer nervösen Reizung wird kein Befund ermittelt, die Diagnostik ergibt nichts, was zur Besorgnis Anlass gäbe. Trotzdem wirkt der Mann unmotiviert, niedergeschlagen, manchmal etwas weinerlich. Langsam gewährt er Einblicke in seine Lebenssituation: Sein Sohn ist in die Drogenszene abgerutscht, im Betrieb stehen große Umstrukturierungen an, die seine Position schwächen werden, seine alleinstehende Mutter zeigt erste Symptome einer Demenz. Seine Frau ist psychisch labil, »mit ihr kann ich über all diese Dinge nicht sprechen«, lautet seine Feststellung. Da türmen sich eine Reihe von Lebensschwierigkeiten auf, die alle an die Kräfte gehen, doch am schwersten wiegt für diesen Mann, dass er das Gefühl hat, alles alleine bewältigen zu müssen.

»Ich klage wie ein einsamer Vogel auf dem Dach«, verwendet der Psalm 102 für diese Erfahrung ein ausdruckstarkes Bild. Nicht genug, dass diese Lebenswirklichkeit dem Menschen wahre Kraftakte abverlangt. In alldem müssen viele Frauen und Männer wahrnehmen, dass sie letzten Endes ihren großen Herausforderungen alleine ausgesetzt werden. Sie haben das Gefühl, dass ihre Probleme nicht im Interesse der Mitmenschen liegen, dass andere nicht verstehen, was so belastend ist. Aus der Befürchtung, Unverständnis zu ernten, entwickelt sich eine Scheu, sich mitzuteilen und auszusprechen. Um andere nicht auch zu belasten, behält man für sich, was das Herz so schwer macht. Scham wegen der persönlichen Krise verhindert es, dass die eigene Situation mit anderen geteilt werden kann.

In schwierigen Situationen leiden Menschen unter dem Gewöhnungseffekt, der sich in ihrer Umgebung ereignet. »In den ersten Wochen der Bettlägerigkeit meiner Frau kamen viele Besucher, heute sind es nur noch sehr wenige«, klagt ein älterer Mann, der seine Frau seit vier Jahren pflegt. Was für ihn jeden Tag mit großer Anstrengung und Sorge verbunden ist, hat sich für Außenstehende zum Normalzustand entwickelt. Neben den routinemäßigen Kontakten mit Hausarzt und Pflegeeinrichtung ergibt sich kaum eine Möglichkeit, darüber zu sprechen, wie es in ihm selbst aussieht, was ihn bewegt und belastet.

Begleiterscheinungen von Alter und Krankheit führen für viele Menschen zu einem fortschreitenden Abbau der sozialen Kontakte. Es wird zu anstrengend, an geselligen Anlässen teilzunehmen. Die beeinträchtigte Beweglichkeit schränkt auch die Möglichkeiten zur Gemeinschaft ein. Tabuthemen wie Inkontinenz verursachen Ängste, man schämt sich, darüber zu sprechen, und der Leidensdruck unter den Beschwerden wächst derart an, dass man sich nicht mehr weit von der eigenen Wohnung entfernt. Chemotherapien schwächen das Immunsystem, sodass Begegnungen mit anderen aus Angst vor Infektionen verständlicherweise gemieden werden. Gerade in Stunden, in denen es jemandem sehr schlecht geht, kommt dann das Alleinsein hinzu.

Schließlich sorgt der Tod dafür, dass Menschen innerlich und im sozialen Bezug vereinsamen. Der Verlust des Partners, eines nahen Menschen in unserem Umfeld schafft die traurige Gewissheit, dass ein vertrautes Miteinander verloren ist. Trauer ist ein Prozess, der ungeheure Kräfte kostet und viele Menschen in lang anhaltende Erschöpfung führt.

Wenn sich kraftraubende Lebensphasen mit wachsender Vereinsamung paaren, geht die zentrale Lebensquelle der Mitmenschlichkeit und Solidarität verloren. Wenn zu den Anforderungen in einer kritischen Lebensphase das Gefühl kommt, dass da kein Verständnis ist, das einen aufrichtet und stützt, dass die ureigene Befindlichkeit nicht mehr mitgeteilt werden kann, dann droht eine Lebensader zu schwinden.

Den Sinn verloren

Die Empfindungen, die der Psalm 102 beschreibt, führen uns vielschichtige Anlässe der Entkräftung und Quellengefährdung anschaulich vor Augen. Es gibt keine Schablone, die wir über alle Erfahrungen legen könnten. Jede Lebensgeschichte steht vor ihren eigenen Risiken und jeder Mensch geht mit den Anforderungen, Verlusten und Belastungen anders um.

Die Vorstellung eines unbelasteten Lebens ist das Ergebnis einer Selbsttäuschung. Als vergängliche und begrenzte Geschöpfe stehen wir unausweichlich vor der Tatsache, dass nie alles in Ordnung und ideal ist. Darüber täuschen auch die Fassaden mancher Menschen, die ein vollkommen intaktes Leben suggerieren wollen, nicht auf Dauer hinweg.

Wir sind durchaus in der Lage, schwere Lebenslasten über lange Strecken zu tragen, ja sogar dabei zu wachsen und zu reifen, bis hin zu der Einsicht, dass wir schwerwiegende Erfahrungen für unser Leben gar nicht missen möchten, weil sie uns als Person nachhaltig geprägt haben.

Doch die Dichte und Verknüpfung hoher Kraftanforderungen und bedrückender Lebenslasten führt Menschen immer wieder an den Punkt ihres Lebens, an dem sich der Boden unter den Füßen entzieht, an dem man den Halt und die Orientierung verliert, an dem alles keinen Sinn mehr hat.

Es mag vieles er-träglich sein, Menschen erholen sich von schweren Schlägen, stehen wieder auf, schöpfen wieder Kraft und Hoffnung. Trauer wandelt sich zu neuem Lebensmut, Krisen offenbaren ihre Chancen – doch da ist auch dieser Knotenpunkt des Lebens, an dem einem alles zu viel wird. Manchmal ist es nur ein kleiner Auslöser, verglichen mit den vorausgehenden Belastungen eine Nichtigkeit, die Menschen in eine tiefe Sinnkrise stürzt.

Sinn hat damit zu tun, dass wir in den Vorgängen unseres Lebens eine Bedeutung entdecken können. Ein Text ergibt einen Sinn, wenn wir ihn verstehen, wenn wir ihn deuten können. Textfragmente oder willkürliche Aneinanderreihungen erscheinen uns sinn-los. Menschen sehen in einer Erkrankung ein bedeutsames Ereignis in ihrem Leben und folgern daraus neue Haltungen, schwere Wegstücke des Lebens erschließen sich bedeutungsvoll, können als Teil eines wichtigen Wachstumsprozesses gedeutet werden und sind damit offen für Sinnerfahrung.

Bei Erfahrungen von Sinnverlust sieht der Mensch in den Geschehnissen keine Deutungsmöglichkeit mehr. Die Einzelteile eines Lebenslaufs fügen sich zu keinem verständlichen Ganzen mehr. Der Verlust, das Schicksal wird zum Puzzleteil, zu dem es kein passendes Bild gibt. Die Frage nach dem Warum fällt unbeantwortet auf uns zurück und wirft die bittere Einsicht auf, dass wir nicht mehr sagen können, wozu das Ganze noch gut sein soll.

Unordnung

Ein Erbe verloren
Lass fahren.
Deinen Weg verloren
Geh irre.
Einen Zauber verloren
So stirb denn.
Eine Botschaft verloren
Weh.

Marie Luise Kaschnitz

Die Dichterin spricht davon, dass es Verluste als »Unordnungen« im Leben gibt, die bewältigt werden können. Der Verlust von Erbe und Weg mögen hart sein, doch nicht vernichtend. Doch es gibt auch den Verlust von Zauber und Botschaft, den Verlust dessen, was dem Leben innere Hoffnung und Aus-sicht gibt, und diesen Verlust bringt Marie Luise Kaschnitz mit Sterben und Weh in Verbindung. »Die verlorene Botschaft« kann als Chiffre des verlorenen Sinns gedeutet werden.

Es bereitet Menschen Weh und Schmerz, mit dem Verlust an sinnstiftender Lebensbotschaft konfrontiert zu werden. Ein letzter Grund, sich dem heutigen Tag wieder zu stellen, bricht weg. Zuversicht und Mut, trotz aller Schwierigkeiten einen Weg zu finden, zerrinnen und machen einem Gleichgültigkeitsgefühl Platz. Die Depression kann sich breitmachen und von der Person Besitz ergreifen.

Es gelingt nur vorübergehend, den Sinnverlust zu kaschieren und einfach weiterzumachen. Wenn die Einzelteile des Lebens keine Bedeutung mehr ergeben, wenn immer mehr Erfahrungen absurd und nur zerstörerisch wirken, versiegt die Quelle, die uns Menschen stärkt und der Zukunft zugewandt leben lässt.

Es muss etwas geschehen – Sehnsucht nach den Quellen

Manche signalisieren früh und auch deutlich vernehmbar, dass sie in eine schwierige Situation geraten sind und eine Veränderung wünschen. Viele artikulieren ihre Situation lange Zeit überhaupt nicht, wollen nicht als wehleidig gelten, schämen sich für ihre vermeintliche Schwäche. Immer wieder wird deutlich: Es gibt ein großes Schweigen über Situationen großer Erschöpfung und anhaltender Kraftlosigkeit. Quellen sind versiegt, doch ist dies für Betroffene und ihre Umgebung oft unbemerkt geschehen.

Doch es ist auch die scheinbar unabänderliche Situation, die Menschen davon abhält, ihre Lage mitzuteilen und eine Veränderung anzustreben. »Man kann da nichts machen – es ist halt so«, oder »da kann mir keiner helfen«, sind dann häufig gehörte Reaktionen. Die Hilferufe, die Signale, die auf notwendige Schritte hinweisen, sind leise, verschlüsselt, kaum wahrnehmbar. Und doch spitzt sich auch in solchen Situationen immer klarer die Einsicht zu: So kann es nicht weitergehen. Hilfe ist nötig.

Im Werk der großen Künstlerin Käthe Kollwitz (1867–1945) spielen Menschen in belasteten Situationen eine Hauptrolle. Das Schicksal der ArbeiterInnen im Industriezeitalter, Mütter in materiellen und seelischen Nöten, Kriegsleiden und viele bedrückende Lebenssituationen beschäftigten die Künstlerin zeitlebens.

In der »Bittstellerin« begegnen wir einer älteren Frau, halb verdeckt in einer offenen Tür, im Hintergrund ein Treppenhaus. Der starre Blick nach unten gerichtet, die Augen gesenkt. Der Gesichtsausdruck traurig und entmutigt. In der einen Hand einen Zettel, mit der anderen am Türrahmen Halt suchend.

Die Frau scheint das Haus zu verlassen, trägt einen Mantel, die Körperhaltung gebeugt und zaghaft. Tagebuchnotizen der Künstlerin geben einen Hinweis auf das Schicksal der Kriegerwitwen. Bitternis und Hilflosigkeit sprechen aus der porträtierten Person. Es scheint unklar, ob sie wirklich aus dem Haus geht, sich zu einem Schritt aus der momentanen Lage heraus entschließen kann. Doch es wird auch klar, dass es in der augenblicklichen Situation keine Perspektive gibt. Es muss etwas geschehen.

Viele Menschen in unserer Lebensumgebung sind unerkannte »Bittsteller«. Ihre Lebenssituation ist immer belastender, manchmal unerträglich geworden. Die Kräfte sind aufgebraucht, das Maß an zumutbaren Herausforderungen ist überstiegen, die körperliche

Hilfe tut not

und seelische Erschöpfung bedrohlich. Doch es ist schwierig, einen Schritt aus dem Kreislauf der Entkräftung zu tun. Sachzwänge und Scham, Mutlosigkeit und Perspektivlosigkeit behindern eine Veränderung. Wie die »Bittstellerin« stehen sie unter der Türe, suchen Halt, nicht wissend, wohin sie sich wenden sollen, ob sie einen Schritt aus der bedrückenden Lage herausgehen können.

Doch kann es auf Dauer nicht verdeckt werden: Es muss etwas geschehen. Es muss ein Weg gefunden werden, der wieder neue Kräfte schenkt. Besser noch: Rechtzeitig muss der schleichenden Erschöpfung begegnet werden. Wie sehnen sich Menschen nach einer Erfahrung der Ruhe, der Erholung, der Aussprache, der neuen Orientierung. Wie buchstäblich not-wendig sind Quell-gänge, durch die neue Kraft, neuer Mut, neue Lebensfreude geschöpft werden können.

Die Beanspruchung durch vielfache Anforderungen, das Pflichtbewusstsein und der Gewissensdruck, das ständige Anwachsen von Aufgaben und die Angst vor schwerwiegenden Beeinträchtigungen hindern nachhaltig daran, zu tun, was guttut. Es bleibt keine Zeit, keine innere Ruhe, keine Freiheit, an kraftspendenden Quellen zu verweilen. Doch dies kann auf Dauer nicht gut gehen. Es liegt an jedem Einzelnen, die eigene Situation ehrlich zu sehen. Und es liegt an jedem Einzelnen, erste Schritte zu gehen, die wieder zu den Quellen führen. Jetzt ist der Augenblick, in dem dieser erste Schritt geschehen kann.

Impulse zur Wachsamkeit für den Verlust an Kräften und Sinn

Das »Profil« meines Tages

~ Ich notiere den Verlauf eines Tages und kennzeichne mit mehrfarbigen Klebepunkten/Zetteln: was mir schwerfällt, worauf ich mich freue, was mir guttut ...

~ Ich betrachte und reflektiere mein »Tagesprofil« – was überwiegt, was kommt zu kurz, welche Gefühle dominieren in meinem Alltag?

~ Ich prüfe das Profil mehrerer Tage, vergleiche sie und reflektiere Auffälligkeiten.

Das »letzte Mal«

~ Ich versuche ehrlich, einige wichtige Fragen zu beantworten: Wann habe ich das letzte Mal ausgeschlafen? Wann hatte ich das letzte Mal mehr als eine Woche zur Erholung? Wann habe ich das letzte Mal meine Lieblingsspeise gegessen? Wann saß ich das letzte Mal in froher Runde? Wann habe ich das letzte Mal geweint? Wann habe ich das letzte Mal herzhaft gelacht? Wann habe ich das letzte Mal mit jemandem über meine Lebenssituation gesprochen? Wann war ich das letzte Mal im Kino, in einem Konzert, im Theater?

~ Ich reflektiere: Bei wie vielen Fragen fehlt mir die Erinnerung? Wie oft musste ich länger als ein Vierteljahr zurückdenken?

Mein Quellenschutz

~ Ich suche mir ein schönes Gefäß und lege einen Stapel Zettel bereit.

~ Eine Woche lang notiere ich, wenn ich etwas Gutes für mich getan habe, wenn mir etwas gelungen ist, was mir Freude bereitet hat, wo ich mich wohlgefühlt habe. Ich lege diese Zettel in das Gefäß.

~ Nach einer Woche leere ich das Gefäß und lese die Zettel. Ich reflektiere. Was »fehlt« mir, was kommt zu wenig vor, welche Quellen kommen reichlich vor?

~ Nach einiger Zeit wiederhole ich diese Übung. Was hat sich verändert? Welcher Mangel fordert mich zum Handeln auf?

~ Zettel mit wichtigen »Quellen« lege ich so bereit, dass sie mich immer wieder erinnern.

DIE QUELLE IN MIR

Der kostbare Mensch

»Genesis« – »im Anfang« heißt das erste Buch der Bibel. Es ist die Tonart zum Verständnis der Bibel, die Ouvertüre, deren Thema immer wiederkehrt. Genesis erzählt von der Welt und den Menschen, wie sie die Gläubigen des Gottesvolkes ursprünglich sehen und verstehen. Nicht zeitliche Anfänge als Rückfrage nach dem, was einmal war, stehen im Zentrum, sondern die Frage, wie das Ganze eigentlich gedacht war und ist, was das Wesentliche ist, wovon es immer neu zu sprechen gilt. Genesis deutet die Welt und den Menschen aus religiöser Erfahrung.

Ganz am Anfang stehen zwei Schöpfungstexte, die als tiefsinnige Meditation über das Leben, die Welt und den Menschen gelesen werden dürfen. Genesis 1 erzählt in poetischer Sprache von der Entstehung des Lebenshauses, das Gott dem lebensfeindlichen Chaos entgegenstellt. Der Dunkelheit und der Urflut widerspricht Gott mit seinem »es werde Licht« – damit ist eine Fülle von wesentlichen Aussagen über Gott und die Welt gemacht. Gott wird als Freund des Lebens verstanden, als Gegner der bedrohlichen Mächte. Sein Wille drückt sich in seinem Wort aus und das Wort hat Macht und sorgt für eine lebensfreundliche, geordnete Welt, in der Leben gelingen kann. Er schafft den Tag und die Nacht und die Lebensräume. Er eröffnet Zeit und Raum, in denen sich die Geschöpfe entfalten können. So ist das Grundthema der Bibel ein nachhaltiges Ja zum Leben und zum Gelingen.

Genesis 2, der eigentlich ältere Text, stellt die Erschaffung des Menschen in den Mittelpunkt. In Anlehnung an Töpferlegenden anderer Schöpfungsmythen erzählt die Bibel davon, wie Gott den Menschen aus Erdreich kunstvoll formt und ihm seinen Lebensatem einhaucht. Damit wird verdeutlicht, dass der Mensch von Gott gewollt, erdacht und durch intensive Zuwendung ins Leben gerufen ist. Gott legt selbst Hand an, formt und verleiht dem Menschen somit einen eigens gewollten Ausdruck. Das Geschenk des Lebens wird durch intime Nähe und Teilhabe an der göttlichen Lebenskraft Wirklichkeit.

Die zwei Schöpfungstexte legen somit gewichtige und folgenreiche Bekenntnisse ab: Das Leben ist schön, von Gott gewollt und es soll gelingen. Nicht die bedrohliche Finsternis und die zerstörerische Flut dürfen das letzte Wort haben, sondern das lebensbejahende Wort Gottes. Und ein Zweites: Jeder Mensch kommt aus der Hand Gottes, entspringt seinem Willen und ist von ihm ins Leben gerufen. Dieses Leben kommt aus einer tiefen Beziehung Gottes zum Menschen. In jedem Menschen atmet die liebende Zuwendung Gottes, ist Gottes Lebensbejahung gegenwärtig, Atemzug für Atemzug.

Die Wirkungsgeschichte dieses biblischen Menschenbildes ist enorm. Die Unantastbarkeit der menschlichen Würde, die sich als Rechtsgrundsatz im Völkerrecht manifestiert hat, fußt letztlich auf dieser Sicht und Deutung des Menschen. Der Respekt vor dem behinderten und gebrechlichen Leben, das in ideologischen, rassistischen und nützlichkeitsorientierten Verirrungen immer wieder infrage gestellt wurde und wird, gründet wesentlich in dem Verständnis vom Menschen als gewolltem und geliebtem Geschöpf Gottes.

Für den Einzelnen eröffnet sich in der Begegnung mit sich selbst, mit seiner Person und seiner Lebensgeschichte eine wichtige Orientierung. Ich darf mein Leben als einzigartig und kostbar deuten. Dass ich bin und dass ich so bin, entspringt dem Willen Gottes. Er hat mich »gewoben im Schoß meiner Mutter« und »wunderbar gestaltet«, wie der Psalm 139 singt. Im Psalm 8 begegnet uns eine besonders deutliche Ausdrucksform dafür, mit welcher Hochachtung und Wertschätzung die Bibel den Menschen sieht, wie sehr sie ihn in der Nähe Gottes sieht:

Was ist der Mensch, dass du an ihn denkst,
des Menschen Kind, dass du dich seiner annimmst?
Du hast ihn nur wenig geringer gemacht als Gott,
hast ihn mit Herrlichkeit und Ehre gekrönt.

Psalm 8,5–6

Viele Menschen müssen damit fertig werden, dass ihnen im täglichen Leben eine »Flut« an Begrenzungen und Einschränkungen entgegenschlägt. »Das kannst du nicht«, »dafür bist du nicht gut genug«, »wer bist du denn?«, »du wirst schon noch sehen ...« – so und ähnlich lauten viele Einsprüche, die uns klein machen. Am Anfang der Bibel steht etwas ganz anderes: Du bist wichtig und du bist etwas Besonderes!

Lioba Munz, Erschaffung des Adam

Gott schenkt Ansehen

Die Bibel beginnt nicht damit, den Menschen von seinen Defiziten und Grenzen her zu sehen – wiewohl es auch davon in der Bibel viel zu lesen gibt. Doch »im Anfang« steht die Botschaft von der Würde des Lebens, von der Einmaligkeit des Menschen, von Gottes Lebenshauch, der jeden Menschen beseelt. »Im Anfang« steht die Geschichte von einer partnerschaftlichen Beziehung, von einer liebevollen Zuwendung, vom Angenommensein des Menschen.

Das »Handeln« Gottes an Adam, dem Menschen, ist voller Wertschätzung, eine Geste der Zärtlichkeit. Lioba Munz stellt die Schöpfung als ein Geschehen des Ansehens dar, in dem sich Gott und Mensch von Angesicht zu Angesicht begegnen und so dem Menschen »Ansehen« geschenkt wird. Nicht zufällig und nicht zwangsläufig erwacht Adam zum Leben. Gott handelt mit Absicht und Ziel. Es ist ein ganz persönlicher Bezug zwischen Gott und dem Geschöpf, der hinter jedem menschlichen Leben steht.

Fragen wir nach wichtigen Quellen des Lebens, so führt eine erste biblische Tiefenbohrung zu mir selbst. Weil in mir das Handeln und die Zuwendung Gottes gegenwärtig sind, ruht in mir eine Kraft, die es zu ergründen gilt, die heilsam sein kann. Weil Gott mir Ansehen schenkt, kann ich mich selbst dankbar und selbstbewusst ansehen und darf in mir eine Quelle entdecken, die mich aus tiefen Schichten stärken kann.

Raum und Zeit für mich

Der lebensfreundliche Schöpfungsakt beginnt mit der Erschaffung von Tag und Nacht. Die Zeit wird so als Gabe Gottes für ein gelingendes Leben interpretiert. Im Rhythmus der Woche, Tag für Tag, eröffnet der Schöpfer Räume, die er mit Leben erfüllt. Alles hat seinen Platz und seine Stunde. Zeit und Raum werden zum wichtigen Rahmen der guten Schöpfung. Sie sind Grundbedingungen unseres Lebens.

Wir können als Menschen nur in Zeit und Raum leben. Jede Lebenserfahrung hat ihre Zeit, ihren Augenblick, und auch wenn wir Zeit ganz verschieden erfahren, so können wir doch nie eine Zeit auslassen, überspringen oder zurückdrehen. Zugleich sind wir immer räumlich gebunden, unsere Lebenswirklichkeit findet immer nur an einem ganz konkreten Ort, zu einer ganz bestimmten Zeit statt. Nie kann ich gleichzeitig an zwei Orten sein. Jede Wirklichkeit meines Lebensweges, jede Erinnerung und jeder Plan verbinden sich unweigerlich mit einem Ort und einer Zeit.

In den Begebenheiten der Bibel ist oft von der »gekommenen« oder »erfüllten« Zeit die Rede, wenn es darum geht, ein besonderes Ereignis oder eine entscheidende Erfahrung zu verdeutlichen. Mit dem »Gelobten Land« versinnbildlicht die Bibel, dass gelingendes Leben immer einen Ortsbezug hat, dass sich die Verheißung eines geglückten Lebens erfüllt, wenn Menschen »Boden unter die Füße« bekommen und ein Ziel erreichen. Zur rechten Zeit am richtigen Ort zu sein ist eine beglückende Erfahrung, für die wir immer wieder dankbar sein dürfen.

Raum und Zeit sind Ausdruck von Begrenzung und Chance gleichermaßen. Eine stille, in sich gekehrte Frau erzählt mir von der Not, stets zeitlich und örtlich gebunden zu sein. Das Geschäft des Mannes weist ihr feste Aufgaben und Präsenzpflichten zu, die Pflege der Schwiegermutter liegt ganz in ihrer Verantwortung, die schulischen Probleme der Tochter bleiben ebenso an ihr hängen. Alles erscheint fremdbestimmt, immer sollte sie irgendwo sein, immer gibt es noch irgendetwas zu tun. Seltsamerweise erlebt sie den Krankenhausaufenthalt als wohltuende Unterbrechung. Sie kann am Nachmittag eine halbe Stunde das schöne Wetter im Klinikpark nutzen, sie liest in den Abendstunden in einer Sitzecke eine Zeitschrift, sie hört am Kopfhörer interessante Hörfunksendungen. Trotz Krankheit kann sie eigenen Wünschen Raum und Zeit geben und erlebt dies inspirierend und wohltuend. Fast wehmütig sagt sie am Vorabend ihrer Entlassung: »Ab morgen gibt der Alltag wieder den Ton an.«

Unterliegen wir in Raum und Zeit ständiger und ausschließlicher Fremdbestimmung, werden sie als schmerzliche Grenze, als Last und Zwang empfunden. Dann zehren sie an unseren Kräften. Können sie wenigstens teilweise frei gestaltet werden, eröffnen sie Chancen und motivieren sie unser Tun. Daher ist es für das eigene Lebensgefühl von entscheidender Bedeutung, Orte und Zeiten des Lebens in einem gewissen Rahmen frei und den eigenen Bedürfnissen entsprechend gestalten zu können. Ja, es gehört zur Verantwortung, dem, was uns wichtig ist, selbst schöpferisch Raum und Zeit zu geben.

»Ich habe keine Zeit«, ist sicher eine der am häufigsten verwendeten Redewendungen, oft genug zur Floskel verkommen. Gewiss, in vielen Situationen ist das Ausmaß der Anforderungen immer größer als die Ressource der Zeit. Doch gerade dies macht deutlich, dass es um Prioritäten geht, dass wir selbst gefordert sind, uns »Zeit zu nehmen« für das, was wir für unverzichtbar halten. Zeit, die sich unserer Gestaltung völlig entzieht, wird zum Diktat, dem wir uns ausgeliefert fühlen.

Kinder machen uns vor, wie sie »ihren Platz« finden. Wenn sie ihre Ruhe brauchen, wenn sie traurig oder müde sind, ungestört spielen möchten, suchen sie sich oft einen ganz bestimmten Ort. So wie wir keine Zeit haben, fehlt es häufig auch an dem Ort, der uns gehört, an dem wir ungestört sein können, uns wohlfühlen. Auch das will schöpferischer Akt in unserer kleinen Welt sein: in unserer Wohnung, im Haus, in der nahen Umgebung einen Ort gestalten, der »uns gehört«. Wenn ich nachdenken muss, wenn ich erschöpft bin, wenn ich mit mir selbst klarkommen muss, ist es eine große Hilfe, nicht suchen zu müssen, sondern zu wissen: Hier darf ich sein, hier ist mein Ort.

Wenn wir selbst kostbare Geschöpfe Gottes und Träger einer tiefen Lebensquelle sind, liegt es nahe, dass wir auch aufgefordert sind, Raum und Zeit für uns selbst zu schaffen. Gerade in Phasen enormer Anforderung wird es lebenswichtig, »zu sich selbst zu kommen«. Die Versuchung ist groß, dieses Bedürfnis ganz hinten anzustellen. Es gibt so vieles, was noch »zuvor« kommt. »Wenn ich dies und das erledigt habe, dann muss ich noch ... und dann bin vielleicht auch ich dran«, so klingt es oft. Was ist die logische Folge: Es gibt immer noch etwas zu erledigen, es ist immer noch etwas nicht getan, es wartet immer noch eine Pflicht, es gibt immer einen Grund, ein schlechtes Gewissen zu haben. So bleibt die Zeit für mich auf der Strecke, ich komme nicht »vor«, immer holen mich andere Dinge ein.

Die Quelle in mir will zeitliche und räumliche Beachtung finden. Im Rhythmus des Tages, der Woche, des Jahres bin ich in meiner gestalterischen Kraft gefordert, für mich selbst Freiräume zu schaffen. Ein beruflich und ehrenamtlich überaus engagierter Landwirt erzählt stolz, dass er und seine Frau den Sonntag nach wie vor heilighalten. Nur in äußersten Notfällen wird gearbeitet. »Das erfordert richtig Energie, der Versuchung zu widerstehen. Doch ich zehre die ganze Woche davon, dass ich am Sonntag zur Ruhe und zu mir komme.« Diese schlichten Worte verdeutlichen, welches Gewicht die selbstständige Schaffung von Raum und Zeit für sich selbst haben kann.

Jeder Tagesablauf eröffnet die Möglichkeit, an mich selbst zu denken, zu mir zu kommen. Die stille Viertelstunde an einem ruhigen Platz, der abendliche Spaziergang in der Natur, der ruhige Blick auf den bevorstehenden Tag, den ich mir dadurch ermögliche, dass ich einige Minuten früher aufstehe als unbedingt nötig. Die schöpferische Kraft, Zeit und Raum für mich zu eröffnen, drückt sich als Achtsamkeit für meine Bedürfnisse und zugleich als Wachsamkeit gegen ständige Übergriffe und schädliche Grenzüberschreitungen aus.

Auch wenn unvorhersehbare Dinge meine Pläne immer wieder stören können, ich kann für die bevorstehende Woche den Zeitraum einplanen, der mir gehört, wo ich etwas für mich tue, wo meine Bedürfnisse dran sind. Dies hat nichts mit Egoismus zu tun, der mir schlechtes Gewissen einflößt, sondern dies ist Dankbarkeit gegenüber dem Geschenk meiner Einmaligkeit und es ist Antwort auf die Gabe meines Lebens, die ich auch als Auf-gabe begreife und pflege.

Allein die Aussicht auf solche Zeitinseln vermittelt Lebensfreude, lässt Durststrecken leichter aushalten. Indem ich sie plane, löse ich mich gedanklich aus den Zwängen und richte ich mich mental auf befreiende Schritte aus, mache deutlich, dass ich mich nicht nur leben lasse. Die Erfahrung, dass Freiräume für mich tatsächlich möglich sind, ermutigt und beflügelt die Fantasie. Damit erfahre ich mich nicht nur unter dem Joch der Anforderungen und Fremdbestimmungen, sondern mein Blick richtet sich bewusst auf Räume und Zeiten, die mir guttun, auf die ich mich freuen kann.

Der Blick in den Spiegel

Die erste Begegnung des Tages ereignet sich für die meisten Menschen mit sich selbst: der morgendliche Blick in den Spiegel. Zugegeben, nicht immer ein aufbauender Anblick. Müde, zerzaust und ungeschminkt blicken wir in unser Angesicht. Oft nur ein flüchtiger Blick, kurze Randnotiz vor den eingespielten Abläufen.

Wie viel Kraft kann allein der Tagesbeginn kosten. Die Müdigkeit überwinden, den Körper in Gang bringen, der Gedanke an die bevorstehenden Aufgaben, die Angst vor Prüfungen, der volle Terminkalender, die Lasten des Vortages. Das ungute Gefühl angesichts schwieriger Begegnungen, das Bewusstsein, dass die Mühle des Alltags wieder unaufhaltsam zu mahlen beginnt. Manchmal möchte man sich sofort wieder ins Bett flüchten, die Decke über den Kopf ziehen und einfach Ruhe finden. Doch die Verpflichtungen nehmen uns ungefragt in Anspruch.

Wie gut kann es da sein, dem Blick in den Spiegel einen kleinen Augenblick mehr Aufmerksamkeit zu schenken. Mir selbst kurz in die Augen schauen, wahrnehmen, was mich an diesem Morgen beschäftigt und dann doch sagen: Gut, dass es dich, dass es dieses Leben, dass es diesen Tag gibt. Dem Tag eine Chance geben, weil man ihn als Teil der Schöpfung annehmen kann. Mich selbst ermutigen, weil ich kostbares Geschöpf Gottes bin. Mich nicht nur kurz ansehen, sondern mir selbst am Anfang des Tages »Ansehen« schenken, die Gegenwart des Lebensatems Gottes in mir bewusst zulassen. Vielleicht ein kleines Morgenritual der Wertschätzung, das durch den Tag begleiten kann.

Dabei beinhaltet der Blick in den Spiegel viel mehr als die kurze morgendliche Begegnung. Er ist Sinnbild des Umgangs mit mir selbst, mit meiner Wirklichkeit. Die Wertschätzung Adams, die aus der Schöpfungsgeschichte spricht, kann auch als Ermutigung zum ehrlichen Blick in den Spiegel, in die Wirklichkeit meiner Person aufgefasst werden.

Das Menschenbild der Genesis spricht von der Einmaligkeit der Person. Ich darf sinnbildlich in den Spiegel blicken und meine Einmaligkeit bejahen und entdecken. Etwas ist in mir, was nur ich habe. Eine Gabe, ein Talent, eine Sensibilität, eine Energie lebt in mir – unverwechselbar und besonders. Es ist meine Aufgabe, diese Besonderheit meiner Person zu entdecken, zu entfalten und mich daran zu freuen. In mir ist etwas von Gott Geschaffenes, worauf ich ein Selbstwertgefühl gründen darf.

In den chassidischen Geschichten von Martin Buber verdeutlicht eine kurze Erzählung, wie unverzichtbar der bejahende Blick auf sich selbst, die Erinnerung an die von Gott geschenkte Größe ist:

Rabbi Schlomo fragte: Was ist die schlimmste Tat des bösen Triebs?
Und er antwortete: Wenn der Mensch vergisst, dass er ein Königssohn ist.

Am Anfang eines Schuljahres ist die Begegnung mit neuen Schulklassen immer wieder spannend. Was verbirgt sich hinter den zwanzig Gesichtern von Jugendlichen und Kindern? Als Erstes merkt man sich die Namen der Auffälligen und Lauten, derer, die beachtenswerte Beiträge liefern, und derer, die schon bald stören. Dann bemerkt man, dass einige besonders zurückhaltend und still sind, dazwischen findet sich immer ein Teil von Schülern, die durch nichts besonders auffallen, oft braucht man lange, bis man sie nicht mehr verwechselt.

Es ist manchmal eine faszinierende Erfahrung, wenn so ein unauffälliger Schüler fehlt oder wenn man mit der Klasse einige Tage auf Klassenfahrt unterwegs ist. Man darf entdecken, dass auch diese scheinbaren Mitläufer eine ganz eigene Rolle spielen. Sie fallen nicht besonders auf, aber sie hinterlassen eine spürbare Lücke, wenn sie fehlen. Sie haben sich im ersten Eindruck nicht festgesetzt, aber wenn man einen ganzen Tag mit ihnen zusammen ist, entdeckt man etwas an ihnen, was bisher übersehen wurde.

Eine Schülerin, die im Unterricht sehr zurückgezogen war und eher abweisend und verschlossen wirkte, kommt auf einem Ausflug auf dem Heimweg zufällig im Zug neben mir zu sitzen. Wir waren tagsüber in einer Synagoge und in einer Kunstausstellung gewesen. Sie beginnt von ihren Eindrücken in der Synagoge zu sprechen, stellt Fragen zum Holocaust und ich bin überrascht von ihrem Denken, von ihrem Interesse. Langsam entspinnt sich ein Gespräch, ich erfahre, dass das Mädchen seit der Trennung der Eltern große Verantwortung für zwei Geschwister trägt, dass sie zu Hause viel liest, andere Schriften als die meisten ihrer Mitschüler. Nach Monaten der Begegnungen im Unterricht entdecke ich an der Schülerin ganz neue Seiten, lerne ich sie neu sehen und verstehen, darf ich eine Persönlichkeit mit ganz eigener Ausstrahlung wahrnehmen.

Diese Entdeckung, die in diesem Fall an jemand anderem gemacht wurde, gilt es oft auch an mir selbst zu machen. Die kraftraubenden Erfahrungen haben mein Selbstbild oft getrübt. Ich sehe mich nur noch gehetzt, müde und in der Pflicht. Die Erwartungen der anderen zeigen mir Grenzen auf, der Anspruch an mich selbst schürt Selbstzweifel. Ich begreife mich keineswegs mehr als Königssohn oder Königstochter.

Der »Blick in den Spiegel« will mir einen Blick auf meine tatsächliche Wirklichkeit eröffnen. Ich begegne mir in meiner Einzigartigkeit, ich darf lang versteckte Begabungen erkennen, verborgene Gefühle zulassen, auf das aufmerksam werden, was von außen und von mir selbst oft an den Rand gedrängt wird. Das Ja Gottes zu mir stärkt das Vertrauen, dass ich einen kostbaren Schatz mit mir trage, dass in meinem Leben etwas Einmaliges und ganz und gar Originelles mitschwingt. Dem gilt es im Lebensalltag Gestalt zu schenken. Eine weitere kurze Erzählung der chassidischen Geschichten bringt dies einprägsam auf den Punkt:

Vor dem Ende sprach Rabbi Sussja: In der kommenden Welt wird man mich nicht fragen: Warum bist du nicht Mose gewesen? Man wird mich fragen: Warum bist du nicht Sussja gewesen?

Der Blick in den Spiegel kann mich ermutigen, meine Person zu entfalten. Nicht das Bild eines anderen soll ich erfüllen, mich nicht vielerlei Vorbildern anpassen, sondern die Einmaligkeit keimen und wachsen lassen, die Gott meinem Leben als Saat geschenkt hat.

Natürlich führt mich die Begegnung mit mir selbst auch an Grenzen. Meine einmalige Genialität wird begleitet von meiner einmaligen Begrenztheit. Auch das gehört zu mir. Wir kennen den alltagssprachlichen Ausspruch »So dumm kann nur ich sein«. Er enthält eine tiefe Wahrheit. Im ehrlichen Umgang mit mir selbst werden mir Schwächen bewusst und ich erkenne Lebensbereiche, die nicht zu mir passen. Ich finde mich in Rollen und Anspruchshaltungen wieder, in denen ich ehrlicherweise sage: »Das bin ich nicht!«

Der Weg zu mir selbst führt mich zur Stärkung und zur Grenzerfahrung. Ich stehe vor meinen Möglichkeiten, aber auch vor meinen Grenzen. Kann ich meine Einmaligkeit nicht finden und bejahen, bleibt mir eine wichtige Kraftquelle meines Lebens verschlossen. Ignoriere ich meine Begrenztheiten, verlasse ich mich auf Trugbilder und schöpfe aus trüben Quellen.

Der Blick in den Spiegel eröffnet mir den Weg an jene kostbare Stelle, an der Gottes Atem mein Leben berührt. Ich darf mich annehmen, in meiner Größe und in meiner Schwäche. Zu mir gehören meine lichten Seiten, aber auch mein Dunkel, meine Abgründe. Nichts davon ist dem Schöpfer fremd, er schenkt mir seine ganze Wertschätzung. Das ermutigt mich zum ehrlichen Blick in den Spiegel und zum Ja zu all dem, was ich dort erblicke, auch wenn ich weiß, dass ich jeden Tag neu an mir zu arbeiten habe.

Leibhaftig leben

Die Erschaffung des Menschen hat eine starke leibliche Dimension. Im Unterschied zu anderen antiken und dualistischen Traditionen widersetzt sich die Bibel einem leibfeindlichen Denken. Gott selbst will die Leiblichkeit des Menschen und bejaht sie. Obwohl von der Erde genommen und vergänglich, ist der Leib Ausdruck göttlicher Zuwendung, untrennbarer Bestandteil jeder Person.

Daher ist der Weg zu mir selbst auch immer ein Weg zu meiner Leiblichkeit. Mein Körper bedarf der Aufmerksamkeit und bewussten Wahrnehmung. Er vermittelt mir bedeutsame Lebenserfahrung, Lust und Freude, Leichtigkeit und Wohlgefühl, aber auch Last und Schmerz, Schwere und Erschöpfung. All meine Beziehungen zu den Wirklichkeiten des Lebens haben eine leibliche Dimension und zugleich ist mein Leib Ausdruck meiner Begrenztheit. Liebe geht für manche »durch den Magen«, ein Erlebnis geht »unter die

Haut«, eine Krise geht mir »an die Nieren«, unter bestimmten Belastungen »habe ich die Nase voll« oder »brummt mir der Kopf«, ein Eindruck »bereitet mir Gänsehaut« und gelegentlich bekomme ich »weiche Knie«. Was mein Körper erlebt und ausdrückt, hat oft weitreichende Bedeutung und vielschichtige Aussagekraft. Wachheit für die eigene Körpererfahrung ist wichtig, um Signale zu vernehmen, die an mich ausgehen, um mich selbst in meiner Wirklichkeit ganzheitlich zu begreifen.

Diese Wachheit, das bewusste Hinhören auf meine Leiblichkeit, kann sich nur entfalten, wenn ich meinem Körper Aufmerksamkeit und Zuwendung schenke. Anspannung und Entspannung, Bewegung und Ruhe, Genuss und Askese, Anstrengung und Erholung, Wärme und Kälte sind Beispiele eines facettenreichen Umganges mit dem Körper. Dabei hängt es wesentlich von der Lebenssituation ab, welcher bewussten Zuwendung der Körper bedarf, was meinem Körper guttut. Menschen sind Individuen und dies drückt sich auch in einem individuellen Verhältnis zur eigenen Leiblichkeit aus.

Ein Schmerzpatient mittleren Alters ist nach einem Unfall seit Jahren von schier unerträglichen Schmerzen geplagt, von Arzt zu Arzt ist er gegangen, um jede kleine Linderung dankbar, und sei es auf Kosten einer Medikamentenabhängigkeit. Ein Vierteljahr verbringt er in der Klinik, erlebt ein Auf und Ab. Als im Frühsommer richtig heiße Tage kommen, halten sich die gehfähigen Patienten im Haus auf, suchen den Schatten, kühle Räume. Nur er sucht die Sonne, sitzt auf einer Bank in der Hitze. Die Wärme tut ihm gut, verschafft ihm so etwas wie Wohlgefühl. So freut er sich auf jeden Sonnentag. Während andere sich über kühle Waschungen freuen, meidet er jede Kälte und Feuchtigkeit. Er findet für sich heraus, was seinem Körper guttut, was ihm sogar in schwierigster Situation noch eine positive Körpererfahrung vermitteln kann.

Letztlich gilt dies für jeden: Menschen können in einer individuellen Art ihren Körper kennenlernen und entdecken, was ihnen guttut. Für manche ist Joggen ein Weg zum Wohlbefinden, für andere nur eine Qual. Die einen entspannen sich wunderbar bei einem Vollbad und andere empfinden das zu ermüdend und belastend. Heute spüre ich, dass Bewegung meinem Körper guttut und morgen kann es sein, dass er Ruhe will.

So ist es wenig sinnvoll, ein allgemeingültiges »Körperprogramm« zu entwickeln und abzuspulen. Vielmehr geht es um Aufmerksamkeit für die Bedürfnisse und Signale meines Körpers, das wache Hinhören auf das, was heute für ihn wichtig ist. Die morgendliche Erstbegegnung mit sich selbst im Spiegel könnte auch die Frage beinhalten: Welches körperliche Wohlgefühl kann ich mir heute gönnen?

Die Antwort wird von vielen Dingen abhängen und die Möglichkeit, sie umzusetzen, wird nicht immer gleichermaßen gegeben sein. Doch zumindest die kleinen Freuden können Alltag werden: die entspannende Bewegungsübung, das Luftschnappen bei einem kurzen Abendspaziergang, das Hochlegen der

müden Beine in einer kurzen Mittagspause, das küh-
lende Arm- oder Fußbad nach Kneipp'schem Vorbild
und vieles andere.

Eine anhaltende Achtsamkeit für meinen Leib wird
mir wertvolle Erfahrungen eröffnen. Ich werde sensib-
ler für meine Ganzheitlichkeit, erfahre mich in meinen Wohlgefühlen und Begrenzungen und stärke
meine Lebensbejahung. Ich wende mich bewusst meinem Körper zu, erlebe ihn in seinen Kräften und seinen Grenzen. Der unvermeidlichen Erfahrung von
Müdigkeit, hoher Anforderung und körperlichen
Grenzen begegne ich mit ganz bewussten Inseln des
Wohlergehens. Ich gebe mich nicht resigniert den
Zwängen von Stress, Verschleiß und Erschöpfung hin,
sondern setze bewusst ein Gegenzeichen. Ich achte
auf Ausgleich, Entspannung und genießerische Erholung und werde somit ein Stück weit der Würde gerecht, die der Schöpfer mir verliehen hat.

Sinnlichkeit leben

Eine oft zitierte Geschichte erzählt von einem Mann,
der in einer amerikanischen Großstadt Besuch von einem Indianer hat. Gemeinsam schlendern sie über
eine beliebte Geschäftsstraße. Plötzlich stutzt der Indianer, geht an eine Hecke und sieht dort eine Grille, die
er zirpen hörte. »So ein Gehör habt nur ihr Indianer«,
bewundert ihn sein Freund. »Du irrst«, entgegnet der

Indianer und demonstriert ein Gegenbeispiel. Er nimmt eine Münze und lässt sie auf den Asphalt fallen. Sofort drehen sich mehrere Passanten um, um nach der Münze zu suchen. »Siehst du«, sagt der Indianer, »das Geräusch der Münze war nicht lauter als das Singen der Grille. Aber die Menschen hören auf das, worauf ihr Gehör am besten geschult ist.«

Der Geschichte liegt eine jedermann zugängliche Erfahrung und Wahrheit zugrunde. Unsere Sinne sind zielgerichtet, einseitig ausgeprägt und nicht selten abgestumpft. Obwohl es unsere Sinne sind, die uns tagtäglich der Wirklichkeit begegnen lassen, nehmen wir vieles nur rudimentär wahr, übersehen wir die kleine Sehenswürdigkeit am Rande, überhören wir den vielsagenden Zwischenton, nehmen wir differenzierte Düfte und Geschmacksnoten nicht auf.

Das Medienzeitalter hat es mit sich gebracht, dass uns eine Flut von Bildern überrollt. In unglaublicher Geschwindigkeit, für das Gehirn gar nicht mehr auflösbar, rattern Milliarden an Bildern an uns vorbei. Ebenso unterliegen wir einer Dauerbeschallung durch Musik, Lärm, Durchsagen und Geräuschkulisse. Zwischen Parfümerien und Pommesbuden durchlaufen wir im Minutentakt Welten an Düften, Wohlgerüchen und Gestank. Wir beklagen bei Fertigprodukten, dass sie alle gleich oder nach nichts schmecken, oder lassen uns von Aroma- und Geschmacksverstärkern verführen. Tausend Dinge gehen uns durch die Hände, wir be-handeln unsere Umgebung regelmäßig, oft genug ohne sie zu be-greifen.

Dabei ermöglichen uns unsere Sinne wunderbare Erfahrungen. Wie Bühnenvorhänge öffnen sie uns einen Zugang zu wundervollen Wirklichkeiten. Ich sehe eine drollige Situation und kann plötzlich lachen, obwohl ich missmutig war. Ich höre eine wunderschöne Melodie und sie wird mir für einen ganzen Tag zum Ohrwurm, der mich beschwingt und beflügelt. Ich komme nach Hause und mir begegnet ein aromatischer Kaffeeduft, der sofort die Freude auf eine ruhige Pause oder ein Gespräch am Küchentisch aufkommen lässt. Nach einem langen Tag signalisiert mir der erste Schluck eines guten Weines, dass das Leben auch »geschmackvoll« sein kann. Die Berührung eines vertrauten Menschen, die Hand, die sich in die meine legt, tut gut und schenkt mir Geborgenheit. Sinne können lebendige Wege zu Kraftquellen sein.

Doch die Abstumpfungsgefahr zeigt, dass auch die Sinne meines achtsamen Umgangs bedürfen. Gleichgültigkeit, Monotonie, Überflutung führen nicht mehr zu Kraftquellen, sondern machen gereizt, müde und überdrüssig. Im wachen Umgang mit mir selbst bin ich Tag für Tag aufgefordert, eine Kraft spendende Sinnlichkeit zuzulassen und zu gestalten.

Jedem ist es möglich, ganz gezielt darauf zu achten, täglich etwas Schönes zu sehen. Das Wachstum der Pflanzen im Garten, den Sonnenuntergang, das Weben der Spinne am Netz, das Spiel der Sperlinge in der Pfütze, die vielen großen und kleinen Wunder der Natur. Doch auch der schöne Bildband, der im Bücherregal verstaubt, der Katalog einer Kunstausstellung, die alten Fotos oder die gesammelten Kinderzeichnungen lassen mich Schönheiten entdecken. Der Vielfalt sind hier keine Grenzen gesetzt, es kommt also nicht auf die Möglichkeit an, sondern auf die Bereitschaft, den Willen, die genommene Zeit und seien es nur wenige Minuten.

Dasselbe gilt für unsere anderen sinnlichen Ausrichtungen. Habe ich heute schon etwas bewusst gehört, was ich als schön empfinde – sei es das Vogelsingen, eine gute Musik, das Ticken der alten Uhr im Flur? Lass ich es zu, dass meine Nase der Wirklichkeit begegnet? Atme ich tief durch, wenn ich am Morgen rausgehe? Schlinge ich das Essen gleich hinunter oder lasse ich den Duft der Speisen erst in meine Nase steigen? Lass ich mir den Schluck frischen Wassers auf der Zunge zergehen und genießerisch langsam durch die Kehle fließen? Esse ich nach der Uhr, um dabei überhaupt nicht mehr darauf zu achten, welchen Geschmack das Essen entfaltet, welche Gewürze zur Wirkung kommen? Wann habe ich das letzte Mal ein junges, weiches Eichenblatt im Frühjahr berührt? Weiß ich eigentlich noch, wie sich krümelige, fruchtbare Erde anfühlt?

Die Fragen ließen sich unbegrenzt ausweiten. Doch das Ermutigende liegt darin, dass ich nicht meinen gesamten Alltag verändern muss, dass ich nicht völlig neue Zeitpläne und Lebensgewohnheiten benötige – ich muss einfach nur mich und meine Aufmerksamkeit verändern. Mitten im Alltag werde ich Dinge erblicken, die mir gefallen; in Unterbrechungen, die nicht alles durcheinanderbringen, kann ich Klänge hören, die Lebensfreude verstärken; durch eine geschulte Aufmerksamkeit nehme ich einen belebenden Duft und einen guten Geschmack wahr. Durch einen kleinen Schritt aus mir heraus berühre ich die Vielfalt des Lebens und lasse ich mich berühren. In all dem liegt die Möglichkeit Kraft spendender Erfahrungen. Und ich erlebe mich selbst als ein Geschöpf, dem Sinne als wunderbares Geschenk zur Weltbegegnung auf den Weg gegeben sind. Ich habe sie immer bei mir, kann sie an jedem Ort und zu jeder Zeit »verwenden«.

Gefühlswelten

Biblische Geschichten zeigen uns eine hohe Wertschätzung von Gefühlen und haben damit schon viele Einsichten der Emotionsforschung vorweggenommen. Die Verfasser sprechen in ihrer menschlichen Vorstellungskraft selbst von Gott als einem, der zornig, liebevoll, zärtlich und eifersüchtig sein kann. Die großen Gestalten des Glaubens – denken wir nur an Abraham oder Jakob – begegnen uns in ihrer Freude, in ihrer Angst, ihrer Aggression, in Verzweiflung und Vertrauen. Von Jesus erzählen die Evangelisten, dass er fröhlich gefeiert hat, dass er aggressiv die Händler aus dem Tempel vertrieb und traurig um seinen Freund Lazarus weinte. Es ist von seiner liebevollen Zuwendung zu vielen Menschen die Rede, aber auch von

seiner ärgerlichen Reaktion auf Arglist und Geltungs-
streben.

Gefühle gehören zu uns, sind geheimnisvoll und
komplex. Sie haben mit unserem Unterbewusstsein zu
tun, unserer frühkindlichen Prägung, unserer körperlichen Verfassung, aber auch mit Spuren der Evolution
des Menschengeschlechtes. Gefühle kommen und gehen, ohne dabei auf die Kommandos des Willens und
des Bewusstseins zu hören, sie können uns täuschen,
aber auch entgegen aller rationalen Überlegungen genau das Richtige sagen. Sie machen das Leben plas-
tisch und erlebnisreich. Lachen und Weinen, Freude
und Zorn, Trauer und Jubel sorgen dafür, dass Leben
nicht auf einer monotonen »Nulllinie« verläuft, sondern dass es Ausschläge gibt, dass Höhen und Tiefen
meine Erfahrungen gestalten und ich damit dem Leben intensiv begegne.

Jeder Mensch fühlt anders, auch die Gefühle sind
Teil meiner gottgewollten Einmaligkeit, bejaht und
Ausdruck der Liebe des Schöpfers zu mir. Auch in
seinen Gefühlen erfährt der Mensch, dass er Abbild
Gottes ist, dass er teilhat an dem Atem, der das Leben
erfüllt. Jeder von uns ist herausgefordert, Gefühle zuzulassen und gleichzeitig kontrollieren zu können.
Nicht jedes Gefühl kann und darf in jeder Situation
gelebt und gezeigt werden. Junge Ärzte berichten
immer wieder davon, wie mühsam es sein kann,
schwierigen Patienten nicht aggressiv zu begegnen
und einen gewissen Zorn zurückzuhalten. Oft zeigt
sich nach einiger Zeit, welche Lasten die Seele eines

Menschen prägen und beschweren, und die Ärzte sind dann dankbar, nicht gefühlsbetont und damit der Lebensgeschichte des Menschen gegenüber unsensibel reagiert zu haben.

Doch die Beherrschung der Gefühle kann auch ein Ausmaß annehmen, das ihre Botschaften nicht mehr zulässt. Menschen begegnen uns manchmal mit stets gefasster Miene, strahlen immer Ausgeglichenheit und Souveränität aus. Nichts kann sie scheinbar aus der Ruhe bringen, ohne ein Wimpernzucken begegnen sie jeder Situation. »Cool« bewältigen sie jede Herausforderung, oft genug der Bewunderung durch andere gewiss. Ein breites Lächeln vermittelt stete Freundlichkeit, manchmal fast klebrig und unwirklich.

Doch im Inneren solcher Menschen sieht es oft ganz anders aus. Eine erfolgreiche Geschäftsfrau liegt mit einer schweren Bronchitis im Krankenhaus. Die Diagnostik ergibt zudem kardiologische Probleme, eine längere Behandlung und die Veränderung der Lebensgewohnheiten werden erforderlich. Aufgeräumt und mit klaren Worten kann sie über ihre Situation sprechen. Sie erläutert die Abläufe ihres Betriebes, die persönlichen Konstellationen, ihre Verantwortung, die Schnittstellen von Beruf und Familie. Wie ein Referat hört sich die Darstellung ihrer Lebensverhältnisse an, es wird deutlich, dass sie sich um jeden und alles kümmert. Da geschieht etwas Demaskierendes. Ich frage sie einfach, wer sich denn um sie kümmert, wer für sie da ist. Ihr Redefluss verstummt, sie wiederholt meine Frage und ich höre, dass sich die Stimme verändert.

Dann weint sie hemmungslos – es gibt niemanden, der sich um sie kümmert.

Für die Patientin war der ungeplante Gefühlsausbruch der Anfang eines veränderten Weges zu sich selbst. Das Wegdrücken von Gefühlen offenbarte sich ihr als gefährliche Verdrängung der Wirklichkeit, die scheinbar so kühle Souveränität als Trugbild. Für viele kann es eine heilsame Nachfrage sein, ob die Gefühle im Lebensalltag noch vorkommen oder ob differenzierte Kontrollmechanismen jedes Gefühlsleben längst planiert haben.

Hellhörigkeit für das, was Gefühle mitteilen können, verdichtet Lebenserfahrung, ermöglicht Begegnungen mit mir selbst, führt mich tiefer an meine eigene Lebenswirklichkeit heran. Es ist immer hilfreich, das Unbehagen, das man in manchen Situationen empfindet, zuzulassen und zu bedenken. Es kann wichtige Botschaften enthalten, die mich warnen wollen. Es kann aber auch einfach eigene Unlust und Erinnerungen an frühere Erfahrungen beinhalten, die unreflektiert übertragen der jetzigen Situation nicht gerecht werden. Durch bewussten Umgang damit kann ich mich von möglicherweise ungeklärten Stimmungen frei machen.

Wie aufbauend kann es sein, eine aufkeimende Freude nicht durch Routine und Verpflichtungen sofort zu übergehen, sondern für einige Zeit zuzulassen und zu genießen? Wie heilsam kann es werden, ein Angstgefühl nicht zu unterdrücken, sondern mir selbst einzugestehen und vielleicht auch mitzuteilen und danach zu erfahren, dass sich zwar die Situation nicht geändert hat, ich aber nun anders damit umgehe? Wie menschlich zeige ich mich plötzlich, wenn ich Tränen nicht unterdrücke? Wie entkrampfend kann es sein, in einer komischen Situation von Herzen zu lachen?

Nur die Aufmerksamkeit für unsere Gefühle macht es dann auch möglich, mit anderen darüber zu sprechen. Eine ältere Dame, die wegen einer Gelenkoperation im Krankenhaus liegt, schüttet nach einigen Tagen ihr Herz aus. Sie beobachtet an ihrem Mann eine zunehmende Demenz, es regt sie auf, wie er sich gehen lässt, ihre Nerven liegen zu Hause oft blank. In der Ruhe des Krankenbettes hatte sie Zeit, dies zu bedenken, und es machte Mut, darüber zu sprechen. Damit ist die Situation nicht gelöst, doch das Mit-teilen von Empfindungen ist oft der Anfang eines veränderten Umganges mit einem Problem und kann neue Energien freisetzen.

Auch hier gilt: Unsere Gefühle brauchen Raum und Zeit. Wenn ich in der Schule ungehalten reagiere, losbrülle oder unwirsch mit anderen umgehe, kann ich nicht einfach zur Tagesordnung übergehen, sondern brauche ich an diesem Tag Zeit, über den Vorgang nachzudenken, ihn zu ergründen. Oft entdecke ich Ursachen, die bei mir liegen, und oft haben diese mit Gefühlslagen, mit einem ungeklärten Partnerschaftskonflikt zu tun, mit einer Sorge um ein Kind, mit einem Ärger, den ich in einem anderen Bereich hatte. Wenn ich mich auf eine Begegnung von Herzen freue, mehr als über andere, ist es gut, über die Bedeutung von Menschen für mich nachzudenken, zu erahnen, was manche Menschen für mich so kostbar macht. Gefühle werden so zu Wegweisern und zu intensiven Erfahrungen.

Es ist ein Quellengang, mich in meinen Gefühlen anzunehmen, sie zuzulassen, mir Zeit zu nehmen, nach ihren Botschaften zu fragen. Die Gefühlswelten sind ein wichtiger Teil von mir und auch darin drückt sich das Ja Gottes zu mir und meiner Einmaligkeit aus.

Für Hilfe offen sein

Oft merkt man es selbst nicht: Die Gesichtszüge sind verändert, die Freudlosigkeit durchzieht den ganzen Tag, ein Grauschleier legt sich über die Seele, man will morgens im Bett liegen bleiben, jeder soziale Kontakt wird zur Anstrengung, man meidet den Umgang mit anderen, möchte sich verkriechen. Schleichend und mit vielen Gesichtern breitet sich diese tief greifende Seelennot aus. Für den Gesprächspartner, den Arzt oder seelsorgerlichen Begleiter stellt sich dann die Frage, inwiefern hier die Grenze von einer krisenhaften Gefühlslage zur Depression erreicht oder überschritten wurde.

Depression war lange Zeit ein Tabu, sie galt und gilt bei manchen immer noch als Ausdruck mangelhaften Willens und als Schwäche. Mancher wurde und wird mit dem Appell konfrontiert, sich doch nicht gehen zu lassen, sich endlich zusammenzureißen. Betroffene ernten Unverständnis und Vorwürfe. Die Folge sind nicht selten Scham und Rückzug, die dann das Leiden noch vergrößern.

Dabei ist Depression heute als Volkskrankheit zu bezeichnen, viel mehr verbreitet, als lange Zeit vermutet. Allerdings ist sie in vielen Fällen auch nicht auf Anhieb zu erkennen. Sie tritt in vielen Erscheinungsformen auf und entwickelt sich vor ganz unterschiedlichen Hintergründen. Genetische Ursachen, traumatisierende Erfahrungen, hormonelle Störungen, schwere Verluste, andauernde Belastungen und vieles andere sind bei depressiven Erkrankungen zu bedenken.

Vor allem ist eines zu akzeptieren: Depression ist eine Erkrankung. Es geht in der Tat um den Stoffwechsel im Gehirn, um manifeste Störungen, auch wenn die Ursachen und die Therapiemöglichkeiten mannigfaltig sind. Depression oder depressive Verstimmungen dürfen nicht Anlass zu Scham und Verschweigen sein, sie bedürfen der fachlichen Abklärung und der qualifizierten Behandlung. Depressionen sind krankhafte Veränderungen, die mich zum Teil auf meinem Weg zu mir selbst behindern, die mir den Schatz meiner eigenen Person verbauen, und der Respekt vor meiner Einmaligkeit fordert es, gegen solche Hindernisse mit verantwortungsvollen Mitteln vorzugehen.

Der Weg zur Quelle in mir kann dadurch verbaut sein, dass ich gar nicht die Kraft und den inneren Antrieb aufbringen kann, mir etwas Schönes zu gönnen, einen Freiraum zu genießen, Sinnlichkeit bewusst zu entfalten. So können die eigenen Kräfte überfordert sein und die Selbsthilfe vor scheinbar unüberwindlichen Hindernissen stehen. Dies ist die gewiss nicht immer leicht festzustellende Nahtstelle, an der ich der fremden und fachlichen Hilfe bedarf.

Ärzte verschiedener Fachrichtungen bestätigen immer wieder, dass es Patienten gibt, die leichte Störungen zu schweren Krankheiten stilisieren und wegen jeder Kleinigkeit in die Praxis kommen. Genauso aber gibt es die Patienten, die viel zu lange auf die Selbstheilungskräfte des Körpers vertraut haben, die immer wieder mit Hausmitteln ihre Beschwerden bekämpften, bis sie endlich den Weg zum Arzt fanden. Oft hat eine Krankheit dann schon einen chronischen Verlauf genommen und es ist dann sehr bedauerlich, wenn der Arzt feststellen muss, dass zu einem früheren Zeitpunkt eine relativ einfache Hilfe möglich gewesen wäre.

Die Not der Seele einem Fachmann anzuvertrauen, ist für viele Menschen eine große Herausforderung. Man will nicht in eine Schublade gesteckt werden und hat Angst vor der Behandlung mit Psychopharmaka. Doch es gibt die Situation, wo es gut ist, für fremde Hilfe offen zu sein. Ob dieser Punkt für mich erreicht ist, kann nicht immer leicht beurteilt werden. Die Einschätzung von Fachleuten verhilft mir hier zu größerer Sicherheit und einer geschärften Selbstwahrnehmung.

Wenn sich bestätigt, dass tatsächlich eine gezielte Behandlung sinnvoll ist, kann dies wie ein Befreiungsschlag wirken. Menschen können sich endlich frei machen von Selbstvorwürfen, Minderwertigkeitsgefühlen und ständigem Rechtfertigungsdruck. Eine qualifizierte Gesprächstherapie und/oder eine verantwortungsbewusste medikamentöse Behandlung können den verschütteten Weg zu mir selbst wieder begehbar machen. Eine fachlich fundierte Einordnung der Seelennöte kann eine große Hilfe sein, sich mit und trotz einer depressiven Problematik anzunehmen und aus einem Teufelskreis von Schuldgefühlen und Verschlimmerung der Befindlichkeit auszubrechen.

Es geht hier nicht um den Einsatz von Mitteln, die den Menschen wie Doping zu etwas befähigen sollen. Es geht vielmehr darum, die natürlichen Voraussetzungen eines guten Umgangs mit sich selbst wieder zu stabilisieren, wenn sie von Störungen nachhaltig beeinträchtigt sind. Mit der Offenheit für diese Hilfe kann eine wichtige Tür geöffnet werden, die mich selbst meine Würde und Persönlichkeit wieder erfahren lassen kann.

Die Freude am Zweckfreien

Von der lebensfreundlichen Ausrichtung des biblischen Schöpfungsgeschehens war schon mehrfach die Rede. Hinsichtlich des biblischen Menschenbildes ist es bedeutsam, dass der Mensch im Unterschied zu anderen Schöpfungserzählungen des biblischen Umfeldes nicht dazu geschaffen wird, im Dienst für die Götter seine Aufgabe zu finden. Der Mensch dient keinem Zweck. Nein, ihm wird die ganze Schöpfung anvertraut, er soll herrschen und nicht Beherrschter sein. Der Mensch verdankt sein Dasein also keinem auferlegten Zweck, sondern darf sich um seinetwillen entfalten, soll glücklich werden. Diese Dankbarkeit und Freiheit ist der Ausgangspunkt einer lebendigen Gottesbeziehung, nicht die Verpflichtung.

Wer den ersten Schöpfungstext der Bibel aufmerksam liest, entdeckt, dass die Schöpfung erst am siebten Tag vollendet wird, an dem Gott nichts tut, sondern ruht und sich an seinem Werk erfreut. An diesem Schöpfungstag geschieht nichts Sichtbares, es ist ein Tag ohne Effizienz, er »bringt nichts«, kein nützliches Tun, kein pragmatischer Gewinn. Gott nutzt den siebten Tag nicht, um aufgeschobene Tätigkeiten der vorangegangenen Woche zu erledigen und aufzuarbeiten, sondern er ruht und freut sich. Und genau dadurch wird das Lebenshaus, in dem Leben gelingen soll, vollendet. Der siebte Tag der Schöpfung, mit dem die Bibel den Sabbat verteidigt, verdeutlicht, dass unverzweckte Freude, »unnützes« Tun, Offenheit für das, »was nichts bringt«, unverzichtbar zum Gelingen des Lebens gehören.

Die Freude des zweckfreien Spieles

Das spielende Kind mit den Seifenblasen macht dies schlicht und eindringlich deutlich. Es zählt nur die Schönheit des Augenblicks, in wenigen Momenten platzen die Seifenblasen, doch ihre Farben, der Zauber, sie mit dem eigenen Atem zu erfüllen, bereiten Freude. Für kurze Zeit wird die Umgebung vergessen, die Verpflichtungen, die Notwendigkeit zielgerichteten Tuns. Es »bringt nichts«, was da geschieht – aber es ist schön und bereitet Freude. Es ist Teil des Lebenshauses, wie es die Bibel beschreibt.

Unbestritten gehören zweckmäßiges Denken, pragmatische Vorgehensweisen und Pflichterfüllung zum gelingenden Leben. Die Daseinsvorsorge erfordert viel Aufmerksamkeit, die Pflichten des Alltags in Haushalt, Erziehung, Beruf, Familie fordern uns. Viele Probleme entstehen dadurch, dass planlos vorgegangen wird, dass die Zeiteinteilung nicht stimmt und notwendige Dinge zu wenig oder unzuverlässig abgearbeitet werden. Immer wieder entwickelt sich im Laufe eines Behandlungskonzeptes von überforderten Menschen die Notwendigkeit, Alltagskompetenz aufzubauen. Es gilt dann, zweckmäßige Vorgehensweisen einzuüben, die Ressourcen an Zeit und Geld sinnvoll einzuteilen, eine Prioritätenliste dessen zu entwickeln, was im Alltag getan werden muss.

Doch unbestritten begegnen uns auch viele Menschen, die enorm effektiv und planvoll ihren Alltag bewältigen, bei denen Zeit, Abläufe und Alltagsorganisation buchstäblich minutiös abgestimmt sind, die ein prozessgesteuertes Leben führen. Und trotzdem stoßen sie an Grenzen, fühlen sie sich leer und aufgebraucht, fehlt ihnen etwas. Dies hat in sehr vielen Fällen mit den fehlenden Freiräumen für das Unverzweckte, das Spielerische, »den siebten Tag« zu tun.

Wann waren wir das letzte Mal bei einer kulturellen Veranstaltung, nicht weil es sein musste und weil es zu den Verpflichtungen gehört, sondern »nur« aus Freude und Interesse? Wann haben wir das letzte Mal ausgelassen gespielt? Wann haben wir uns das letzte Mal etwas gegönnt, das »nichts gebracht« hat, aber einfach schön war? Wann haben wir zuletzt ein Instrument gespielt, das wir in Kindertagen einmal erlernt haben? Wann haben wir uns das letzte Mal einem Vergnügen überlassen, ohne auf die Uhr zu schauen, ohne ein schlechtes Gewissen zu haben, was wir nun alles Nützliches tun könnten?

Diese Fragen führen uns nicht nur an erholsame und wohltuende Freiräume heran. Sie lenken den Blick auf einen Wesenszug unserer menschlichen Würde: die Unverfügbarkeit, die Tatsache, dass wir uns nicht darin er-schöpfen, einem Zweck zu dienen. Diese Grunderfahrung unserer Würde und unseres Selbstwertes bedarf der Achtsamkeit. Wenn die Freiräume für den spielerischen und zweckfreien Anteil unseres Lebens schwinden, erfahren wir uns nur noch als nützlich, zielgerichtet und zweckmäßig. Das ist zu wenig, um die ganze Fülle des Lebens zu erspüren.

Die Freude eines ausgelassenen Spieles, das Vergnügen eines kreativen Tuns, die Unterbrechung durch Ruhe oder Tätigkeit, die niemandem gegenüber gerechtfertigt werden müssen, ermöglichen uns täglich einige Minuten Kurzurlaub, der seine Wirkung nicht verfehlen wird.

Für viele Menschen ergibt sich dabei sofort der Einwand der fehlenden Zeit. Es ist noch so viel zu erledigen, die Anforderungen des Alltags sind so groß. Immer wieder höre ich von Betroffenen, sie würden sich ja gerne diese Freiräume gönnen, doch da ist die pflegebedürftige Person, da sind die Hausaufgaben der Kinder, die Berge an Arbeit. Wenn nun Freiraum für »unnütze« Lebensfreude geschaffen wird, bleibt am Ende nur das schlechte Gewissen.

Genau diese Erfahrung führt aber zum Verlust des Sabbats, zum Schwinden der umfassenden Lebensbejahung im Lebenshaus. Sechs Tage dienen der Arbeit, der Sabbat dient der Ruhe und der Freude. Das ist nicht eng auf den Wochenablauf einzugrenzen, sondern als umfassende Sicht unseres Lebens zu interpretieren. Wenn ich die Momente des Spiels, des freien und von allen Verpflichtungen losgelösten Tuns aus meinem Lebensablauf wegradiere, versiegt die Quelle der Lebensfreude. Geschieht dies, leiden darunter auch meine Mitmenschen, leidet die Pflege eines Angehörigen, leiden die hilfesuchenden Kinder.

Von Bernhard von Clairvaux wird ein Brief an Papst Eugen III. überliefert, in dem er ihn auffordert, sich selbst nicht zu verlieren in den vielen Anforderungen des Amtes. Dabei schreibt er: »Bist du dir etwa selbst ein Fremder? Bist du nicht jedem fremd, wenn du dir selber fremd bist? Ja, wer mit sich selbst schlecht umgeht, wie kann der gut sein? Denke also daran: Gönne dich dir selbst. Ich sage nicht: Tu das immer, ich sage nicht: Tu das oft, aber ich sage: Tu es immer wieder einmal.« Bernhard von Clairvaux zeigt einen realistischen Blick für die Möglichkeiten des Alltags, aber er gewinnt auch die tiefe Einsicht, dass es den anvertrauten Menschen kaum gut mit uns ergehen kann, wenn es uns nicht gut geht.

Freiräume für die eigene Lebensfreude sind also nicht zu verwechseln mit einem Egoismus, der andere Interessen vergisst. Sie sind Teilhabe an der Schöpfung, die »sehr gut« ist, und sie tragen wesentlich dazu bei, dass wir uns nicht verlieren, dass wir ein Gefühl für die Vielfalt des Lebens behalten. Daher gibt es auch keinen Grund zum schlechten Gewissen, wenn wir eine freie Zeit nur für uns gestalten und tun, was uns guttut. Es lässt uns vielmehr wieder aus der Quelle schöpfen, die uns stärkt für all die Anforderungen, die so viel Kraft kosten.

Oft sind es kleine alltägliche Nischen, in denen wir dieser Erfahrung Raum und Zeit geben können. Die Tasse Espresso nach dem Mittagessen in der Frühlingssonne auf der Terrasse – das sind nur zehn Minuten, doch sie können Ruhe, Entspannung und ein warmes Lebensgefühl spüren lassen. Das vergnügliche Balgen mit den Kindern am Abend – es kann trotz beruflichem Stress, schlechten Noten und ungebügelter Wäsche erfahren lassen, dass es »mehr« gibt als die Pflichten und dass es guttut, für einige Minuten wie ein Kind zu werden. Die Viertelstunde mit einer schönen Musik, in der ich einfach »dumm vor mich hinschauen« darf, kann mir deutlich machen, dass ich nicht ausschließlich beherrscht bin von den Zwängen meiner Lebenswelt.

So kann ich mir ein Stück Freiheit erobern, Freiheit für mich, für das, was schön ist, für das, was den Augenblick zum Genuss machen kann – als andere und unverzichtbare Erfahrung zu all dem, was immer an Belastung und Pflicht bleibt. Dieses Stück Freiheit kann zum wichtigen Schutzgebiet meiner Lebensquellen werden.

Genießen lernen

»Wer nicht genießt, wird ungenießbar«, singt Konstantin Wecker in einem seiner Lieder. Wie recht er doch hat. Viele Stellen der Bibel sprechen vom Geschenk des Lebens. Unsere Lebensart sollte von der Bereitschaft erzählen, dieses Geschenk auch freudig anzunehmen.

Geh, iss mit Freuden dein Brot
und trink vergnügt deinen Wein,
denn längst hat Gott dein Tun gebilligt.
Allzeit seien deine Kleider weiß,
und an Öl auf deinem Haupt soll es nicht mangeln.

Kohelet 9, 7f

Direkt und ohne missgünstige Einschränkungen fordert der Prediger im Alten Testament dazu auf, das Leben auch zu genießen. Arbeit und Mühe gehören selbstverständlich zum Leben, die Aufforderung, die Erde zu bebauen, erfordert Kräfte und strengt an. Der Kampf gegen die Widerwärtigkeiten, die Bedrohungen und immer wieder auftauchenden Schwierigkeiten kann nicht verdrängt werden, und auch davon spricht die Bibel in ausreichendem Maße.

Aber sie vergisst nicht, zum Genießen aufzufordern, das Herz sich erfreuen zu lassen, eine Lebenskultur der Dankbarkeit und des Wohlergehens zu gestalten. Auch Jesus wendet sich dem Fest und dem Vergnügen zu, sodass er sogar als »Fresser und Säufer« bezeichnet wird. Nach Anstrengung und ständiger Beanspruchung zieht er sich mit seinen Jüngern an einen ruhigen Ort zurück. Und Paulus weist lebensfeindliche Sektierer zurück, wenn er im Timotheusbrief schreibt:

> *Denn alles, was Gott geschaffen hat, ist gut,*
> *und nichts ist verwerflich,*
> *wenn es mit Dank genossen wird.*
>
> 1 Timotheus 4,4

Genießen ist eine Eigenschaft, die der Kultivierung und des Bewusstseins bedarf. Genießen ist ein aktiver Widerspruch zu Monotonie, Oberflächlichkeit und Selbstverständlichkeit. Genießen nimmt sich Zeit, weiß um einen Wert und bringt Dankbarkeit zum Ausdruck. Genießen ist die dankbare Öffnung unserer Sinne für den Geschenkreichtum der Schöpfung. Dies darf auch dann geschehen, wenn wir wissen, dass vieles um uns herum keinerlei Anlass zum Genuss gibt. Genießen muss nicht warten, bis alles in Ordnung ist, es darf Kraft und Frieden schöpfen, auch wenn es nur »zwischen zwei Herzschlägen« geschieht, wie Günter Kunert es dichtet:

Auf der Schwelle des Hauses
In den Dünen sitzen.
Nichts sehen als Sonne.
Nichts fühlen als Wärme.
Nichts hören als Brandung.
Zwischen zwei Herzschlägen
glauben:
Nun ist Frieden.

Günter Kunert

Dieses Verständnis von Genuss grenzt sich klar ab zur Gier und zur Unersättlichkeit. Im Vordergrund steht das dankbare Empfangen und nicht das begierige Nehmen. Genuss erleben wir nicht im raschen Konsum, aus der Angst, etwas zu versäumen, sondern als Muße und Verlangsamung der Alltagsgeschwindigkeit.

Ich erinnere mich an eine junge Frau, die tagelang nach einer schweren Operation nichts essen und trinken durfte. Nach langer »Durststrecke« bekam sie ihre erste Orange. Ich kam zu ihr ins Zimmer, als sie ihre Orange aß – es war kein Essen, es war ein Zelebrieren. »Köstlich«, sagte sie nach jedem Bissen, keinen Tropfen ließ sie entkommen, ihr Gesicht war voller Zufriedenheit. Seither esse ich keine Orange mehr, ohne an diese Begegnung zu denken, die voller Genuss war.

Genießen ist nicht leicht zu entwickeln. Der gewöhnliche Lebensablauf engt die Räume oft unerträglich ein und erstarrt in Eintönigkeit und Routine. Der besondere Genuss im Jahresurlaub oder zu besonderen Anlässen bewirkt oft Trauer, wenn er vorbei ist und im Alltag keine Resonanz findet. Zur Kraftquelle kann Genießen als Tugend des Alltags werden, der wir täglich Beachtung schenken. Einen kleinen Genuss können wir uns jeden Tag gönnen. Es gibt viele Menschen, die sich am Morgen schon freuen, weil an diesem Tag der Saunagang, die Gymnastikgruppe, die Massage oder die beliebte Fernsehserie ansteht.

Ich darf an mir entdecken, was mir Genuss bereitet, worauf ich mich freue. Und diese Entdeckungen sollten dann Konsequenzen für mein tägliches Leben haben. Das Glas Rotwein am Abend zum Krimi ist das genießerische Tun für den einen, der andere findet das im schweißtreibenden Waldlauf und wieder andere können die halbe Stunde mit einem spannenden Buch genießen. Der erste Schluck eines heißen Morgenkaffees kann genauso bewusst genossen werden wie ein Butterbrot mit frischem Schnittlauch aus dem Garten.

Doch wenn ich die Kultur des Genießens verdränge, verarme ich an lebensfreundlicher Erfahrung. Es

»fehlt mir etwas« und Mangel kann sehr schädlich sein. Wenn ich nicht mehr genießen kann, ist dies vielleicht aber auch die Folge von Überfluss, einem Zuviel, das ebenso zur Gefahr werden kann. Wer Genuss als unnütz abtut, immer etwas anderes vorrangig sieht, der kann es auch nicht verstehen, wenn andere sich etwas gönnen und genießen. Aus der Härte zu sich selbst erwächst dann möglicherweise die Missgunst, die genau zu dem führt, was Konstantin Wecker so nachvollziehbar singt.

Die Kunst des Genießens wurzelt letztlich in dankbarer Lebenserfahrung. Wenn ich mich annehmen kann – bei allen Mängeln und Grenzen –, dann kann ich auch dankbar empfangen, was mir geschenkt ist. Im Genießen weitet sich mein Lebensgefühl über das Nötige und Verzweckte hinaus. Ein Lebensgefühl kann wach werden, in dem ich vom Sinn und der Freude meines Lebens etwas spüre. Und damit begegne ich der Absicht des Schöpfers, als er mich einmalig und kostbar geschaffen hat.

Impulse zur Achtsamkeit für mich selbst

Zeit für mich

~ Ich versuche in meinem Tagesablauf eine Viertelstunde frei zu halten, die nur mir gehört, in der ich in Ruhe und Sammlung den Tag bedenken kann und zu mir komme. Es kann mir helfen, dies immer zur selben Tageszeit zu tun.

~ Ich finde im Wochenablauf einen Tag, an dem ich 2–3 Stunden für das frei halte, was mir guttut, was ich genießen kann (Chor, Kartenrunde, Sauna, Sport, Natur, Kultur ...).

~ Wie kann ich den Jahresablauf planen, dass mir eine Zeit der Erholung möglich wird? (Organisation einer Familienhilfe, Kurzzeitpflege für anvertraute Personen, Familienurlaub, Absprache mit Kollegen und Angehörigen ...) Der Plan und die Aussicht auf Tage für mich kräftigen mich auf dem Weg.

Ein Ort für mich

~ Ich gestalte in meiner Wohnung, im nahen Umfeld einen Ort, an dem ich mich wohlfühle, wo ich ungestört sein kann, an den ich mich zurückziehen, vielleicht den Tag beginnen und beschließen kann. Kleine Liebenswürdigkeiten (ein Erinnerungsgegenstand, eine Muschel aus dem Urlaub, ein Bild ...) können dem Ort meine persönliche Note geben.

~ Pflege ich besondere Orte, an die ich immer wieder gerne komme, mit denen ich eine gute Erinnerung verbinde, an denen ich eine Insel im Alltag finden kann? Ich nehme mir die Freiheit, solche Orte immer wieder aufzusuchen.

Die Sinne verwöhnen

~ Ich lege mir am Montag 2–3 CDs bereit, die ich gerne wieder einmal hören will. Ich gönne mir im Laufe der Woche das Hören guter Musik.

~ Dasselbe kann ich mit einem Bildband, einem Kunstband, einer schönen Zeitschrift, alten Fotos tun – viele schöne Eindrücke verstauben unnötig im Regal. Ich kann immer wieder ein gutes Seh-Erlebnis vorbereiten.

~ Ich gewöhne mir bei den Mahlzeiten an, mir eine halbe Minute Zeit für den Duft des Essens zu nehmen. Ich schließe die Augen und nehme den Geruch und meine Reaktionen darauf bewusst wahr. Ebenso kann ich versuchen, den ersten Bissen ganz bewusst und bedacht zu schmecken.

~ Ich nehme immer wieder sinnlichen Kontakt mit meiner Umgebung auf, berühre die Baumrinde, rieche an den Pflanzen, schaue mir Details genau an ...

Lebensfreundliche Rituale

~ Ich gestalte meinen Alltag bewusst, indem ich jeden Tag mit einem kleinen Morgenritual beginne. Ich finde eine Form, die mir guttut (vor dem Spiegel stehen und den Tag und mich bejahen, die Hände öffnen und die Zeit empfangen, vor das offene Fenster stellen und mit offenen Armen den Luftstrom des neuen Tages auf mich zukommen lassen, mich bewusst in aufrechter Haltung dem Segen Gottes anvertrauen).

~ Ich gestalte ein kurzes »Ritual der Unterbrechung«, mit dem ich mir im Tagesablauf eine kleine Insel schaffe (die Tasse Espresso am Mittag, eine Körperübung zur Entspannung, jeden Mittag ein Gedicht aus einem schönen Lyrikband ...).

~ Ich beschließe den Tag bewusst und in Stille. An einem guten Ort blicke ich auf den Tag zurück, erinnere mich einer Freude, überdenke etwas, das ich anders machen würde. Ich respektiere, dass jeder Tag seine Unstimmigkeiten hat. Ich gebe den Tag aus der Hand und dem Schöpfer zurück. Ich bitte um seinen Segen für mich und die Menschen, die mich begleiten.

DIE QUELLE IM ANDEREN

Das Geschenk des DU

Die Genesis deutet die Welt von ihrer Ursprünglich-
keit her und will in dichterischer Weise über das spre-
chen, was bis heute, bis hinein in unsere Lebenswirk-
lichkeit Gültigkeit hat. Die Genesis formuliert
Grund-sätze unseres Lebens. Man spricht auch von
Geschichten des »mitlaufenden Anfangs«. So wie die
Prägungen der Kindheit, bestimmte Erfahrungen und
Besonderheiten der Herkunft den Lebensweg eines
Menschen bis zum Ende begleiten können und Be-
deutung behalten, so versteht die Genesis bestimmte
Grunderfahrungen als wesenhaft für die Welt und den
Menschen, als von Gott gewollt.

Nach der kunstvollen und liebevollen Erschaffung des Menschen stellt die Genesis unmissver-
ständlich fest: »Es ist nicht gut, dass der Mensch allein
bleibt.« In der berühmten, oft mit einem Lächeln be-

gleiteten, aber auch in der Kunst intensiv verarbeiteten Geschichte wird die Erschaffung der Frau aus der Rippe des Mannes erzählt. Wir gehen in die Irre, wenn wir in dieser Geschichte eine Unterordnung der Frau oder einen Kampf der Geschlechter lesen wollen. Es geht um ein grundsätzliches Verständnis des Menschen.

Keines der erschaffenen Tiere kann dem Menschen partnerschaftlich gegenüberstehen. Erst das Geschöpf, das »Bein von meinem Bein« ist, also ein Teil von mir, wird als ebenbürtige Ergänzung erkannt. Alte jüdische Deutungen legen darauf Wert, dass die Frau aus jenem Bein geschaffen ist, das dem Herzen des Mannes am nächsten liegt, und wenn Martin Buber übersetzt, dass Gott dem Menschen einen »Gegenpart« schenken will, wird deutlich, es geht um die Ganzheit des Menschen, die sich erst im personalen Gegenüber findet. Gott schenkt dem Menschen ein DU, ein ebenbürtiges Geschöpf auf Augenhöhe und erst in diesem DU überwindet der Mensch seine Unvollständigkeit und seine Einsamkeit.

Der Bibel geht es ganz wesentlich um die Bejahung von Partnerschaft, Sexualität und dem Miteinander von Mann und Frau. Doch darüber hinaus macht dieses Verständnis deutlich, dass die Begegnung mit dem anderen Menschen, die Beziehung von Angesicht zu Angesicht ein von Gott gewolltes Angebot an das Gelingen des Lebens ist. So wie ich in mir selbst dem liebenden Willen des Schöpfers begegne, so erfahre ich im DU, im menschlichen Gegenüber, die ur-sprüngliche Absicht Gottes, dem Leben in zwischenmenschlicher Beziehung Gelingen zu ermöglichen.

In vielen Folgeerzählungen und Facetten kommt die Bibel auf dieses Urthema des Menschen zurück. Mit dem Scheitern der Beziehung von Kain und Abel, dem Bruderkonflikt zwischen Jakob und Esau sowie Josef und seinen Brüdern widmet sich die Genesis in drei Erzählzyklen dem spannenden Thema menschlicher Beziehungen, ihrer Konfliktbeladenheit und ihrer Auswirkungen auf das Gelingen von Leben. Immer wieder finden die Gestalten der Bibel in der Beziehung zum DU eine entscheidende Hilfe. Davids Freundschaft mit Jonathan, Moses Zusammenspiel mit Aaron oder die solidarische Frauenpartnerschaft von Ruth und Naomi sind nur ein paar Beispiele dafür.

In den Evangelien ist die mitmenschliche Beziehung ein wesentlicher Bestandteil der Verkündigung und des Zeugnisses Jesu. Er hält Mahl mit Ausgesonderten, führt Aus-gesetzte in die Gemeinschaft zurück und befreit Besessene zu neuer Gemeinschaftsfähigkeit. Er bietet Beziehung an, die für Menschen zur Heilung und zum Neubeginn wird. Menschen, die am Ende sind, finden neue Kraft und Perspektive, weil er sie anblickt, weil er sie an sich heranlässt, weil er ihnen von Angesicht zu Angesicht begegnet. Seinen Jüngern legt er das hohe Gut geschwisterlichen Zusammenlebens immer wieder ans Herz.

Im Hohelied der Liebe, einem Meisterwerk der Weltliteratur, werden wohl Brautgesänge aus der Zeit des Salomo verarbeitet, als Lobgesang auf die Liebe von Mann und Frau, als tiefe Betrachtung des menschlichen Wesens. Sieger Köder hat in seinem Holzschnitt zum Hohelied die innige Begegnung von Mann und Frau dargestellt. Vertraute Zuwendung schafft eine intime und geschützte Situation. Zwei Menschen sind füreinander da, einander geschenkt, damit die Hoffnung Flügel bekommt. Sie halten einander fest, verbunden, Abbild des Bundes Gottes mit dem Menschen. In diesem Füreinander finden sie Geborgenheit, Schutz und tiefe Kraft.

Auch wenn Menschen an der Einsamkeit zur zerbrechen drohen und sich von Gott und der Welt verlassen fühlen: Die Quellen der Bibel verkünden die Überzeugung, dass es für jeden von uns das gottgeschenkte DU gibt. Keiner ist endgültig allein und verlassen.

Gewiss, wir können die Zerwürfnisse nicht leugnen, die Ausgrenzungen nicht ignorieren und die Traurigkeit vereinsamter Menschen nicht übersehen. Doch genauso wenig dürfen wir übersehen, dass nur eine Handbreit neben einer schwierigen Situation eine hilfreiche Zuwendung oder eine Bereitschaft zum Gespräch auf uns warten kann. Die biblischen Beziehungsgeschichten erzählen unermüdlich davon, dass Gott auf krummen Zeilen gerade schreibt, dass scheinbar heil-lose Verwirrungen eine Er-lösung finden. Gott will den Menschen nicht alleinlassen und er trägt Sorge dafür, dass ich auf meinem Weg dieses Angebot erfahre.

Füreinander geschaffen

Den anderen entdecken

Wie oft haben wir es schon erlebt? Den ersten Eindruck, den wir von einem Menschen gewinnen. Da gibt es Augenblicke, in denen ein Mensch in unser Leben tritt und es beginnt eine Geschichte, die lebenswichtig wird. Da begegnen wir voller Spannung und innerer Beteiligung ein erstes Mal einem Mitarbeiter, einem Vorgesetzten, den Lebenspartnern der Kinder und wir erinnern uns oft ein Leben lang an diese erste Begegnung. Sympathie und Antipathie schwingen im ersten Eindruck mit, Vorurteile und Neugierde, Interesse und abwartendes Beobachten. Der erste Eindruck ist Zauber und Gefahr zugleich.

Wir erfahren auch, dass der erste Eindruck täuschen kann, dass ein scheinbar überzeugender und auf den ersten Blick unglaublich faszinierender Mensch mit der Zeit große Schwächen und vielleicht auch Unarten an den Tag legen kann. Wir erleben, dass Menschen, die zurückhaltend und unscheinbar wirken, nach und nach überaus liebenswerte und unerwartete Eigenschaften offenbaren. Souveräne Ärzte können wehleidige und angstvolle Patienten sein, großartige Redner können in der dichten persönlichen Begegnung stammeln und verstummen, ängstliche und zurückhaltende Menschen zeigen in besonderen Herausforderungen plötzlich einen Mut und eine Konsequenz, die man nicht erwartet hätte.

Auf jeden Fall wird uns klar: Wir dürfen nie beim ersten Eindruck bleiben, der Mensch in unserer Lebenswelt ist immer mehr, als das, was wir gerade wahrnehmen. Dies gilt auch für ganz vertraute Menschen. Daher ist ein wichtiger Zugang zum spannenden und kraftspendenden Beziehungserlebnis die anhaltende Aufmerksamkeit für den Mitmenschen, die Bereitschaft, ihn immer wieder neu zu entdecken.

Ein Vater erzählt mir von seinem unablässigen Kampf mit seinem sechzehnjährigen Sohn. Die Haare, die Ordnung, die Disziplinlosigkeit in der Schule, das Chaos im Zimmer, die Lustlosigkeit zu Hause – es gibt täglich Anlässe, die Unzufriedenheit auszusprechen und den Sohn als »unmöglich« zu empfinden. Bis eines Tages eine Einladung ins Haus flattert, bei einem Vorführtraining eines Kampfsportes zuzuschauen, den der Sohn seit Kindertagen trainiert. Für den Vater wird es ein Aha-Erlebnis. Fest vorgeschriebene Formen werden diszipliniert und absolut korrekt ausgeführt, jeder Schritt stimmt, jede Bewegung entspricht den Vorgaben. Der Sohn zeigt ein hohes Maß an Körperbeherrschung und ohne sich ablenken zu lassen, zieht er das gesamte Vorführprogramm durch, mit ernster Miene und ganzer Beteiligung. »Ich habe meinen Sohn völlig neu erlebt«, bekennt der Vater und gibt auch zu, dass er von diesem Erlebnis an ein verändertes Verhältnis zu seinem Sohn hatte.

Menschen, die uns auf unserem Weg begegnen, die uns geschenkt sind als Partner, Kinder, Freunde oder Kollegen, laden uns stets zu einer Entdeckungsreise ein. Hinter der geprägten Fassade steckt immer mehr, jeder Mensch hat in seiner Einmaligkeit viele Facetten. So wie ich in Möglichkeiten und Grenzen einmalig bin, so ist es auch der Mensch neben mir. In ihm atmet das Geheimnis Gottes und ich kann etwas davon immer wieder neu erspüren.

Menschen wandeln sich. Reifung und täglich neue Erfahrungen verändern den Menschen unentwegt. Das Leben erfordert immer wieder neue Antworten und so ist jeder Mensch auch immer neu herausgefordert. Daher ist es zutiefst schädlich und hindert uns an glückenden Beziehungen, wenn wir unsere Mitmenschen in Schubladen stecken. »Du mit deiner Empfindlichkeit ...«, »der bringt nichts auf die Reihe ...«, »das hat die noch nie gekonnt ...«, »das ist bei denen in der Familie so ...« – so und anders lauten unsere achtlosen Einordnungen von Menschen. Das Resultat ist oft ein Nebeneinander, doch die Beziehung mit all ihren Möglichkeiten geht verloren, schläft ein.

Dabei ist es so spannend und beglückend, dem anderen Menschen achtsam zu begegnen und ihn immer wieder neu zu entdecken. Der bewusste Blick für den Partner am Frühstückstisch kann die Frage »Wie geht es dir?« zu viel mehr als einer Floskel machen. Das Interesse für Schule oder Freunde, das über ein »Wie war der Tag?« hinausgeht und dafür wach ist, wie Kinder ihren Alltag bewältigen, wie sie mit Anforderungen, Konflikten und Lebensfreude umgehen, lässt uns näher zusammenrücken. Die Persönlichkeiten der eigenen Kinder können in immer neuem Licht erscheinen.

Doch auch fremde Menschen sprechen ihre eigene Sprache. Die Entdeckungsreise im Bus oder in der U-Bahn kann aufschlussreich sein: die traurigen Augen einer Mitfahrerin, das unruhige Flackern in den Augen eines Mannes mit Anzug und Aktenkoffer, die entspannten und ruhenden Hände im Schoß einer alten Dame, die lustigen Grimassen eines Schulkindes. Menschen, die uns begegnen, können so viel Erfahrung vermitteln, wenn wir sie bewusst wahrnehmen. Wir üben uns ein in die vielgestaltige Sprache des Menschseins.

Wie bei allem anderen gilt auch hier: Wir brauchen dafür Raum und Zeit. Und eine bewusste Haltung. Die Bereitschaft, mich einige Minuten einem Menschen zu widmen, die Achtsamkeit, ihn nicht zu übersehen, sondern die Körpersprache, den Ausdruck der Augen, die Veränderung der Stimme und der Mimik wahrzunehmen. Mit dieser Haltung wird uns bewusst: Rund um uns sind interessante Menschen. Selbst altbekannte Gefährten schenken uns immer wieder neue Erfahrungen. Da hat einer etwas erzählt, was ich bei ihm gar nicht vermutet habe, da zeigte jemand eine Reaktion, die mich völlig überrascht, da habe ich eine Wärme in Augen gespürt, in denen ich bisher immer nur Sachlichkeit zu sehen glaubte. Das Abenteuer Mensch umgibt mich, Gott macht großartige Angebote und ich darf ihnen begegnen.

Behutsamkeit

Wir kennen Menschen, die bezeichnen wir als »raumfüllend«. Wir meinen damit Mitmenschen, die einen Raum betreten und dominieren. Sie ergreifen Initiative, führen das Wort, wissen, wo es langgeht, und übernehmen Verantwortung. Solche Menschen sind wichtig, denn sie zieren sich nicht ständig, bringen etwas voran und packen zu. Doch sie können auch zur Belastung werden.

Zuweilen rollen sie wie Panzer über eine Gruppe hinweg. Stillere Gemüter kommen nicht zu Wort, zaghaftere Temperamente werden an den Rand gedrängt. Weil mit diesem Verhalten oft ein großes Geltungsbedürfnis Hand in Hand geht, ist das Engagement mit viel Emotion verbunden, Kritik wird sehr persönlich genommen und der Ehrgeiz geht manchmal über die Sache.

Wir selbst laufen immer wieder Gefahr, in der Routine des Alltags relativ unbedarft und ohne große Sensibilität das Nötige zu tun. Kinder werden für schlechte Noten gerügt und dabei werden Erklärungsversuche als Ausreden gewertet. Kollegen wird ihr Versagen unter die Nase gerieben, ohne dass uns Hintergründe groß interessieren. Nahe Menschen äußern ein Bedürfnis und ernten ein Achselzucken oder eine ablehnende Floskel.

Mit solcher Achtlosigkeit können wir bei anderen Menschen zunehmende Resignation, ablehnende Reaktionen und eine unnötige Distanzierung verursachen. Begegnungen verlieren an Authentizität. Angst vor unseren Reaktionen, Wehrlosigkeit gegenüber unserer Direktheit nehmen der Beziehung Lebendigkeit und die Möglichkeit zum Austausch. Doch auch kleinere und größere Verletzungen können das Resultat vorschneller Urteile und vereinnahmender Vorgehensweisen sein. Eine Marktleiterin rügt eine Auszubildende vor den Kolleginnen mit deutlichen Worten für die fehlerhafte Arbeit. Da verlässt die Sechzehnjährige heulend das Geschäft und kommt den ganzen Tag nicht mehr. Was war geschehen? Tags zuvor war ihre alleinerziehende Mutter mit einer Lungenembolie in die Klinik gebracht worden, erst nach Stunden löste sich die bedrohliche Situation langsam auf. Hilflos und ratlos verbrachte das Mädchen den Abend in der Klinik und war nachts zu Hause alleine. Wen wundert es, dass da ihre Gedanken nicht bei der Sache waren? Mit großer Betroffenheit stellte die Marktleiterin fest, dass ihr da etwas unterlaufen ist, was sie künftig mit größerer Vorsicht verhüten möchte.

Rose Ausländer lebte von 1901 bis 1988. Als Jüdin überlebte sie die Verfolgung durch die Nationalsozialisten in einem Kellerversteck, nach bewegten Jahren in den USA wohnte sie ab 1965 in Düsseldorf. Die Erfahrung der schrecklichen Verfolgung mag in das Gedicht »Eidechse« eingeflossen sein.

Eidechse

Kleine reizende Eidechse
ich werde dich nicht
zertreten

Dein Weg über Steine
wie meiner
deine Gefahr
wie meine

zertreten zu werden

Rose Ausländer

Das Bild von der kleinen, scheuen und huschenden Eidechse wird zum Sinnbild. Kleine und leichte Geschöpfe, die Wärme suchen und sich in der Sonne ausruhen. Gut getarnt, sind sie leicht zu übersehen, laufen sie Gefahr, zertreten zu werden. Der Dichterin geht es um das Kleine und scheinbar Bedeutungslose, in dem sie ihr eigenes Lebensrisiko erkennt: zertreten zu werden.

Wir wissen, wie weh es tun kann, wenn jemand auf unseren Gefühlen herumtrampelt. Wir kennen den Schmerz, wenn man achtlos über uns hinweggeht. Wir fühlen Minderwertigkeit, wenn man auf uns nicht eingeht, unsere Bedürfnisse ignoriert. Wir leiden darunter, wenn wir die Erfahrung machen, nur benutzt zu werden.

Die Gefahr ist groß, solche Haltungen immer wieder – mehr oder weniger bewusst – im Umgang mit Mitmenschen zu zeigen. Schnell werden unbedachte Äußerungen gemacht, wie selbstverständlich vereinnahmen wir andere für unsere Interessen. Wir stellen gerne Suggestivfragen und lassen anderen gar nicht die Freiheit, ihre eigenen Gedanken zu äußern. Fraglos werden Ansprüche und Anforderungen an andere gerichtet. Unbedacht konfrontieren wir Menschen in unmittelbarer Nähe mit Urteilen und Meinungen, über die anscheinend gar nicht mehr zu sprechen ist. All das verschließt die Möglichkeiten lebendiger Beziehung.

Es kränkt und verletzt, wenn der andere nur zum Adressaten festgelegter Entscheidungen wird. Es entwürdigt, wenn Mitmenschen nur als Mittel zum Zweck dienen, sie in ihrer persönlichen Befindlichkeit aber gar nicht mehr wichtig scheinen. Achtlosigkeit gefährdet und unterbindet Beziehung.

Behutsamkeit schenkt Aufmerksamkeit und öffnet. Ohne meine Spontaneität zu verlieren, kann es hilfreich sein, in den zwischenmenschlichen Begegnungen eine kleine Dosis Zurückhaltung zu praktizieren. Oft kann diese Begegnung spürbare Freiräume erfahren, wenn ich bereit bin, mich etwas zurückzunehmen, um den anderen nicht zu überfahren.

Dann werden die anderen feinfühlig wahrgenommen, sie dürfen sein, wie sie sind, und sie werden ermutigt, sich so zu zeigen. Sie erhalten Freiraum und die Möglichkeit, das einzubringen, was ihnen wichtig ist. Sie spüren Respekt gegenüber ihrer Einzigartigkeit. Sie sehen meine Bereitschaft, ihrer Situation gerecht zu werden. So wird durch Behutsamkeit die Begegnung mit dem Mitmenschen lebendig und vielschichtig. Das DU als Geschenk Gottes kann seine Kraft entfalten.

Offenheit und Abgrenzung

Eine fünfzigjährige Frau liegt mit einem schweren Krebsleiden in der Klinik, am Ende jeglicher Therapie, den Tod vor Augen. Von vielen Menschen nimmt sie Abschied, es gibt Tage, an denen sie in einem tiefen Loch der Lebenskrise ist, an anderen Tagen strahlt sie große Heiterkeit und Gelassenheit aus. Eines Tages ein Schild an ihrer Zimmertüre: Besuche nur nach Absprache mit der Schwester. Ich frage nach und die Frau hat eine entwaffnende Antwort: Ich habe in den letzten Tagen gespürt, dass mir manche Besucher nicht guttun. Die wenige Zeit, die mir noch bleibt, ist zu kostbar, um sie mit anstrengenden Menschen zu verbringen.

Die Nähe eines Menschen kann unendlich guttun und geradezu heilsam sein, doch wir können sie auch als große Last, Kränkung und Anstrengung erfahren. Manchmal ist es nur ein schmaler Grat, der beide Erfahrungen voneinander trennt. Selbst vertraute und innig verbundene Paare erfahren, dass in der distanzlosen Beziehung ohne Rückzugsmöglichkeiten und Freiräume die kostbare Nähe auch zur Belastung werden kann.

So gilt es, einen Weg zu finden, Beziehung in einer Weise zuzulassen, dass sie ihre Kraft und ihre tragende Wirkung entfalten kann, und gleichzeitig ein Gespür dafür zu entwickeln, wann zwischenmenschliche Begegnungen zur Last, zum Schmerz, vielleicht sogar zum Schaden werden können. Das Gebot der Liebe fordert mich auf, dem anderen bejahend zu begegnen, doch es schließt nicht aus, dass ich zu meinem eigenen Schutz Distanz zu Menschen suche, die mir nicht guttun. Die Evangelien berichten mehrfach, dass auch Jesus sich zurückzieht, einen Ort meidet, Abstand zu Menschen hält, mit denen eine offene Begegnung nicht möglich ist.

Gerade bei Menschen, die schwere Krankheiten oder Lebenskrisen durchstehen, kann man oft beobachten, dass sie im weiteren Verlauf ihres Lebens die Beziehungen »neu sortieren«. In der Krise sind ihnen Menschen nähergerückt, die sie als wohltuend solidarisch und diskret erfahren haben. Andere ehemals »gute Freunde« haben sie als verständnislos und gerade in problematischen Situationen belastend erlebt. Die Entwicklungen des Lebens verändern auch unser Verhältnis zu Mitmenschen, wir sind immer wieder neu herausgefordert, für Nähe und Distanz einen guten Weg zu finden.

Dies erfordert von jedem Menschen eine innere Offenheit als Grundvoraussetzung. Eine automatisierte Distanz, die sich als Gleichgültigkeit, Gefühllosigkeit oder auch unpersönliche Sachlichkeit zeigen kann, lässt Begegnungen nicht zur Entfaltung kommen, vereitelt Beziehungen oft schon im Vorfeld. Wenn mich ein unnahbarer Panzer umgibt und ich aus Unsicherheit, Angst oder Desinteresse mich sichtbar und spürbar verschließe, nehme ich den Begegnungen des Lebens eine entscheidende Chance. Die Öffnung für den Menschen, der mir begegnet, die Bereitschaft, ihm meine Aufmerksamkeit zu schenken, dient dem Wachstum eines Miteinanders, das für viele zu einem starken Halt werden kann.

Gerade aus vertrauter Nähe, die sich auch körperlich ausdrückt, können wir in kritischen Lebenssituationen enorme Kraft empfangen. Wenn Worte nicht mehr helfen und ankommen, wenn sich ratloses Schweigen ausbreitet, kann Nähe zur einzig möglichen Hilfe werden. Menschen, die Nähe nicht zulassen können oder nicht erfahren, erleben in solchen Situationen möglicherweise großes Leid.

Doch auch die Abgrenzung dient dieser Kraft, die aus Beziehungen für Menschen erwachsen kann. Abgrenzung schützt vor Vereinnahmung und sie belässt mich und den Mitmenschen in einem individuellen und eigenen Lebenszusammenhang. Abgrenzung nimmt ernst, dass wir keine deckungsgleichen Menschen sind, und hilft uns, die Originalität der Einzelnen zu wahren. Zu schnelle und zu distanzlose Öffnung führt oft dazu, dass ein Gefühl der Überforderung entsteht. Nähe kann nicht übergestülpt und aufgedrängt werden, sondern muss wachsen und dem Bedürfnis beider Beteiligten entsprechen.

In einer sechsten Klasse stößt während des Schuljahres eine neue Schülerin dazu, die aus einer anderen Schule kommt und dort große Schwierigkeiten mit Mitschülerinnen hatte. Die Kinder der Klasse sind auf diese Situation vorbereitet und zwei Mädchen nehmen die neue Mitschülerin mit großem Engagement auf. Sie verbringen viel Zeit zusammen, sofort wird von Freundschaft gesprochen. Doch schon nach wenigen Tagen macht der Eifer einer gewissen Ernüchterung Platz. Natürlich hat das Mädchen auch problematische Verhaltensweisen, die früheren Konfliktsituationen hatten nicht nur einseitige Ursachen. Mit diesen Problemen kommen die Schülerinnen der Klasse nicht klar, sie ziehen sich zurück, Enttäuschung macht sich breit, die Gemeinschaftssituation droht zu eskalieren. Mit viel Mühe muss auf einen für alle vermittelbaren Umgang hingearbeitet werden.

Offenheit und Abgrenzung sollen zur Balance führen, dann fördern sie wohltuende Beziehung. Ich verschließe mich nicht schon im Voraus, aber ich gebe auch nicht alle Grenzen auf. Ich gehe auf andere Menschen zu, aber ich überrenne sie nicht. Ich lasse die anderen an mich heran, aber ich gebe nicht alle Geheimnisse preis. Ich pflege Gemeinsamkeit, aber ich ordne nicht alle eigenen Interessen unter. Ich biete Gemeinschaft an, aber ich respektiere auch das Bedürfnis der anderen nach Zeit und Raum für sich selbst. Ich bin für die Menschen, die mir anvertraut sind, da, aber ich gestehe mir selbst auch Freiräume zu, in denen ich nicht von dieser Verantwortung beansprucht werde. Durch Offenheit und Abgrenzung belasse ich es dabei, dass sich zwei Menschen mit ihrer eigenen Welt begegnen. Und gerade das macht das menschliche Miteinander so spannend und enthält enorme Energie.

Zweckfreie Begegnung ermöglichen

Leben ist Beziehung, das ist nicht nur eine Floskel, sondern alltägliche Erfahrung. Die Verkäuferin in der Bäckerei, der Nachbar im Bus, die unausgeschlafene Tochter am Frühstückstisch, die KollegInnen mit ihren Eigenheiten, die Verwandtschaft, die Menschen, die uns tagtäglich begegnen, versetzen uns in ein unaufhörliches Beziehungsgeflecht. Manchmal wird uns das auch zu viel und wir suchen die Ruhe und das Alleinsein.

Die meisten Begegnungen sind Routine, ereignen sich ohne besonderes Hinzutun und bleiben damit an der Oberfläche. Oft dienen sie einem Zweck, haben ihre eingegrenzte Bedeutung in den alltäglichen Abläufen und sie gehen uns nicht sehr nahe.

Davon unterscheiden wir die bewussten und gewollten Begegnungen, die für uns bedeutsam sind, von denen wir etwas mitnehmen, die uns stärken und wichtig sind. In den hohen Anforderungen, die sich aus den vielfachen Lebensbelastungen ergeben, kommen solche Begegnungen oft zu kurz. Eine Frau trifft eine Freundin beim Einkaufen und sagt noch kurz, dass sie demnächst anruft – doch oft genug kommt es zu diesem Anruf nicht. Alte Bekannte treffen sich und vereinbaren, dass es doch höchste Zeit wäre, sich wieder einmal gemütlich zusammenzusetzen – doch nicht selten bleibt es beim Vorsatz. Irgendwann im Tagesablauf fällt jemandem ein, dass man sich bei einem lieben Menschen doch melden sollte, doch kurze Zeit später ist der Gedanke schon wieder vergessen. Es wäre einmal interessant, die nicht zustande gekommenen Begegnungen mit wichtigen Menschen eines Jahres zu registrieren – es wäre bei vielen eine lange Liste.

Begegnung ereignet sich nicht immer einfach so, sie ist keineswegs immer zu-fällig. Sie bedarf des Vorsatzes. Vor allem dann, wenn es um Begegnungen geht, die keinem Zweck dienen, die nicht sein müssen. Diese Ermöglichung von Begegnungen erfordert Willen, Planung und Zeit.

Es zählt zu den großen Chancen menschlicher Eigenschaften, die Dinge des Lebens nicht einfach hinzunehmen und geschehen zu lassen, sondern durch eigenen Willen zu beeinflussen. Das Wollen kann zur gestaltenden Kraft werden, kann Prioritäten setzen und Antriebsfeder wichtiger Initiativen sein. Daher ist es so wichtig, zu wissen, was man will, sich der eigenen Absichten bewusst zu werden und dadurch zu erahnen, dass sich dort ein Weg auftut, wo auch ein Wille ist. Es muss unser Wille sein, Raum zu schaffen für die zwischenmenschlichen Begegnungen, die über die Flüchtigkeit hinausgehen und die unserem Bedürfnis nach Zusammensein entsprechen.

Der Evangelist Lukas erzählt die bekannte und vielfach gedeutete Geschichte von der Einkehr Jesu bei Marta und Maria. Während Marta sich ganz von der Sorge um die Gastfreundschaft in Anspruch nehmen lässt, sitzt Maria »dem Herrn zu Füßen« und hört ihm zu. Auf die Beschwerde Martas über dieses Verhalten nimmt Jesus Maria in Schutz und bestätigt ihr, »das Bessere« gewählt zu haben. Eine Ge-Schichte birgt viele Schichten, eine davon ist sicher die, dass Maria die Einmaligkeit der Begegnung mit Jesus erfasst. Da kommt einer, dessen Nähe heilsam und lebensverändernd ist, der die Gegenwart Gottes ins Leben bringt, und Maria ist in diesem Augenblick ganz offen für diese Begegnung und wählt damit »das Bessere«. Immer wieder geraten wir in Entscheidungssituationen, in denen wir die Möglichkeit haben, wichtige Begegnungen zuzulassen oder im Dickicht von Geschäftigkeit und Pflichterfüllung zu ersticken.

Da in unserem Alltag sehr viel Zeit und Abläufe durchgeplant sind und wir in ein Netzwerk von Verpflichtungen eingespannt sind, bedarf auch die Begegnung mit wichtigen Menschen der Planung. Es gelingt selten, sich »irgendwann« mal zu treffen und ein Zusammentreffen »ganz spontan« zu arrangieren. Zusammensein mit Menschen, die uns wichtig sind, darf nicht dem Zufall überlassen werden, es kann – ohne dabei neue Zwänge aufzubauen – sinnvoll geplant werden. Oft ist es eine Brücke zu hilfreichen Begegnungen, einen angestrebten Anruf bei fernen Freunden im Kalender vorzumerken, eine Einladung rechtzeitig einzuplanen, sich für einen Besuch einen Tag freizuhalten.

Das Bedürfnis, mit anderen zusammenzukommen, wird gerade dann, wenn es keinem Zweck dient, oft hinter wichtige Verpflichtungen zurückgestellt. Wir nehmen es uns vor, wenn diese Pflicht abgearbeitet ist und jener Druck nicht mehr besteht. Das Problem ist nur oft, dass sich neue Pflichten aufbauen, andere »wichtige« Dinge anstehen und so wird das, was uns guttut, stetig nach hinten verschoben. Damit verlieren wir »das Bessere« oft aus den Augen und es kann seine Kraft nicht entfalten. Daher ist die gewollte Planung von Begegnungen mitunter so wichtig.

In mancher Familie sorgen Stundenpläne, Arbeitszeiten, Hobbys und andere Verpflichtungen dafür, dass kaum ein gemeinsamer Treffpunkt mehr möglich ist. Die Mutter einer vielköpfigen Familie erzählt mir, dass sie unter dieser Zerstreuung sehr gelitten hat, bis sich der Familienrat darauf einigte, dass am Freitag gegen 18.00 Uhr gemeinsam gegessen wird. Das mag auf den ersten Blick etwas penibel wirken, doch es ist eine Zeit, zu der meistens alle können, die Abendgestaltung ist trotzdem frei, auch das Wochenende steht zur Freizeitgestaltung zur Verfügung. Mittlerweile ist das gemeinsame Mahl am Freitag zum Ritual geworden, bei dem selten jemand fehlt. Begegnung wird ermöglicht, Austausch geschieht und die Gemeinsamkeit hat ihren Ort und ihre Zeit.

In Italien beeindruckt es immer wieder, wenn sich die älteren Leute abends auf der Straße oder der Piazza treffen. Mit Küchenstühlen sitzen sie auf dem Bürgersteig in kleinen Gruppen, manche haben eine Handarbeit dabei, fröhlich schwatzen sie und beschließen so den Tag. Es ist ein völlig unverzwecktes Zusammensein, kein Gewinn und kein Geschäft steht an, es ist einfach schön und gesellig. Generationen begegnen sich, die alten Menschen finden zueinander, haben teil am öffentlichen Leben und schöpfen aus der Begegnung mit anderen Freude und Kraft.

Die Stärkung durch solche Begegnungen steht uns Tag für Tag offen. Wenn sich die gleichen Menschen wieder begegnen, ist es nicht dasselbe wie bei der letzten Begegnung. Neue Fragen, neue Erfahrungen und neue Wahrnehmung des anderen spielen eine Rolle und schaffen neue Möglichkeiten. Diese lebendige Erfahrung mit Menschen meines Lebensweges ist sicher eine große Anforderung, aber auch eine schützenswerte Kraftquelle.

Füreinander Zeit haben

Das Gespräch pflegen

Menschen, die mit Krankheiten kämpfen und in die Klinik kommen, sprechen immer wieder von Problemen in ihren Beziehungen. Da gibt es lang schwelende Konflikte, Reibereien um Geld, Erziehung oder Freizeitgestaltung, Unverständnis für die Situation anderer. In der Krankheit wird diese empfindsame Stelle des eigenen Lebens besonders schmerzlich bewusst.

Manchmal überrasche ich die Personen mit der Frage: »Wann haben Sie denn das letzte Mal miteinander gesprochen?« Meist reagieren die Leute zunächst verständnislos: »Ja heute, natürlich. Man redet doch jeden Tag miteinander.« Ich werde dann konkreter: »Nicht einfach miteinander reden, sondern ein Gespräch führen. Ein richtiger Austausch über das, was Sie und Ihren Partner bewegt.« Mehr als einmal ernte ich dann betroffenes Schweigen und nicht selten lautet die Antwort leise: »Schon lange nicht mehr.«

Wir reden tagtäglich miteinander, doch welchen Stellenwert hat das Gespräch? Der Hinweis auf den leeren Kühlschrank und die Notwendigkeit des Einkaufens, die Information, dass man heute später zum Essen kommt, die Bitte, die Tochter doch auf dem Heimweg von der Musikschule abzuholen – ist das schon ein Gespräch? Keineswegs – vieles von dem, was mir »miteinander reden«, lässt sich auch über die berühmten gelben Klebezettel an der Pinwand erledigen, bewegt sich auf kommunikativen Einbahnstraßen.

Oft sind es kurze Informationen, sachliche Mitteilungen, banale Dinge.

Ein Gespräch beinhaltet viel mehr. Im Gespräch tausche ich mich mit einem Menschen aus, ich rede, höre und werde gehört. Das Gespräch schenkt Teilhabe am Leben, wird von zwei Seiten geführt und ist in seinem Verlauf offen. Es erfordert Zeit und Aufmerksamkeit, Bereitschaft und eine Gesprächskultur. Wenn ein Gespräch gelingt, wenn wir uns mit einem anderen Menschen intensiv austauschen, von ihm erfahren und von uns sprechen können, erleben wir dies als Bereicherung, oft als ein echtes Geschenk. Doch dazu müssen wir beitragen.

Ein Gespräch lebt von der Bereitschaft der Selbstmitteilung. Es gibt den Punkt, da reicht es nicht, über das Wetter, den vergebenen Elfmeter oder die verdorbenen Politiker zu sprechen, da ist es notwendig, dass ich von mir spreche, dass ich mich mit-teile. Gespräche gehen in die Tiefe, wenn meine Person mitschwingt, wenn meine Ängste und Hoffnungen, meine Freude und meine Trauer, meine bislang unausgesprochenen Gedanken zu Wort kommen. Das fällt nicht leicht und ist nicht immer möglich, doch wenn es uns gelingt, spüren wir, wie wertvoll solche Gespräche sind, wie erleichtert wir danach durchatmen, wie das Gespräch mit einem vertrauten Menschen zur wirklichen Quelle werden kann.

Die Bereitschaft zur Selbstmitteilung muss Hand in Hand gehen mit Interesse und Offenheit. Wir erleben es als sehr ärgerlich, wenn sogenannte gute Freunde all ihren Seelenballast bei uns abladen, doch sich keinen Deut dafür interessieren, was uns bewegt. Wir verstummen und ziehen uns zurück, wenn Gespräche zur Einbahnstraße werden und nur das zählt, was den anderen gerade beschäftigt. So ist es immer wieder erforderlich, das eigene Gesprächsverhalten zu reflektieren.

Im guten Gespräch spreche ich von mir, meinen Gefühlen und meinem Leben, doch genauso will ich vom Leben des anderen, seinen Empfindungen erfahren, interessiert es mich, wie es ihm geht. Wie oberflächlich kommt uns oft die Frage »Wie geht's?« von den Lippen, dabei sind wir eigentlich gar nicht bereit, die ehrliche Antwort zu hören, und ersetzen deshalb die Frage zuweilen auch gleich selbst mit Suggestivaussagen wie »Na, alles klar ...« oder »Und, geht's gut ...«. Solche Floskeln lassen echte Gespräche nicht aufkommen und sind zuweilen geradezu verletzend für Menschen, die von echten Schwierigkeiten geplagt sind.

Wie wohltuend ist es dagegen, wenn wir spüren, da will jemand wirklich wissen, wie es uns geht. Da fragt einer nach, ohne neugierig zu sein, da hat einer die Gabe des aktiven Zuhörens. Wenn die Bereitschaft, sich selbst mitzuteilen, und die Offenheit füreinander ein Gespräch prägen, dann entwickelt es eine eigene Dynamik, dann wird etwas von der ursprünglichen Absicht des Schöpfers erfahrbar. Verstehen und verstanden werden überwinden die Einsamkeit und das Alleinsein mit einer Lebenssituation, einem Problem. Geben und Empfangen im Gespräch stiften eine Gemeinschaft, die Kraft entfaltet, die mich stärkt und die mir wichtigen Halt geben kann.

Solche Gespräche gelingen nicht immer und überfordern manche alltägliche Situation. Auch der Smalltalk hat seinen Platz und seine Berechtigung. Doch mit wichtigen Begleitern im Leben, Menschen, die für uns bedeutsam geworden sind oder werden können, sollten wir immer wieder auf die Möglichkeit solcher Gespräche achten.

Wenn Selbstmitteilung und Offenheit in ein Wechselspiel kommen, dann habe ich die Freiheit, von meinen Bedürfnissen zu sprechen und anderen zu verdeutlichen, warum die Beachtung und Erfüllung dieser Bedürfnisse so wichtig ist. Die Rücksicht auf mich selbst wird nicht als Egoismus missverstanden und persönliche Wünsche müssen nicht unentwegt gerechtfertigt werden. Zugleich fördert eine wirkliche Offenheit auch die Sensibilität, damit der andere nicht ständig seine Anliegen vehement vertreten muss, sondern erfahren darf, dass für seine Wünsche eine Antenne vorhanden ist. Wo Menschen zu einer reifen Gesprächskultur finden, haben sie auch die Möglichkeit, sich über die Wahrnehmungen des anderen, die Unachtsamkeiten und Selbstverständlichkeiten auszutauschen, ohne dies am Rande des Vorwurfes oder der Aufrechnung zu tun.

Als ich ganz am Anfang meiner beruflichen Tätigkeit war, lud mich eine junge Familie zum Abendessen ein. Dabei erzählte mir die Frau von der Erfahrung, dass in der Zeit, als die beiden kleinen Töchter den

Alltag bestimmten, plötzlich das partnerschaftliche Gespräch ins Hintertreffen geriet – eine Erfahrung, die wohl viele junge Eltern machen. Meine Gastgeber fanden zu einer guten Reaktion. Etwa alle sechs Wochen engagierten sie einen Babysitter und gingen miteinander essen, oft gar nicht weit weg und ohne besondere Anlässe. Aber sie schufen sich somit einen machbaren Freiraum, in dem sie füreinander da sein konnten, in dem jeder erzählen konnte, was ihn bewegt, in dem ein wirkliches Gespräch möglich war. Viele Jahre später traf ich die Eheleute zufällig wieder. Die Töchter waren längst aus dem Haus. Ich sprach sie auf unsere damalige Unterhaltung an und die Frau sagte etwas sehr Beachtliches: »Heute müssten wir nicht mehr unbedingt ausgehen, um ungestört ins Gespräch zu kommen, doch die gemeinsamen Abendessen sind uns so wichtig geworden, dass wir sie nie aufgegeben haben.«

Gespräche scheinen selbstverständlich zu sein, doch in Wirklichkeit müssen sie erlernt und achtsam gepflegt werden. Kinder und Jugendliche (und nicht nur sie!) kommunizieren oft hauptsächlich in den Kürzeln der SMS und im schnellen Informationston der E-Mails. Im hohen Tempo des heutigen Lebensstils zählt die Kurznachricht oder die Schlagzeile. Die Geschwindigkeit und die technische Übertragung scheinen viele Vorteile zu haben, auch wenn die Stimme des Gegenübers nicht mehr vernommen und seine Mimik nicht mehr gesehen wird. Doch all das erreicht unsere Herzen nicht, kann uns nicht auffangen und begleiten. Daher brauchen wir die Anlässe, die Zeit und den Rahmen, immer wieder das offene Gespräch zu pflegen, von Angesicht zu Angesicht sich mitzuteilen, im Austausch zusammenzuwachsen und das Geschenk des Miteinander bewusst zu erfahren.

Versöhnt leben

Kaum etwas raubt uns die Kräfte mehr als die Erfahrung von Streit und Zerwürfnis. Die Missgunst über das Gelingen im Leben des anderen und der Neid, der Hass auf die Schwester und den Bruder, die Eskalation von Meinungsverschiedenheiten zum abgründigen Konflikt zeigen eine dunkle Seite unserer Beziehungsfähigkeit.

Mit Brutalität und Raffinesse entledigen sich die Söhne Jakobs in der alttestamentlichen Geschichte (Genesis 37–45) ihres verhassten Bruders Josef. Gedemütigt und seiner Würde beraubt kommt er als Sklave nach Ägypten, um dort nach Höhen und Tiefen zum Stellvertreter des Pharaos aufzusteigen. Als die Brüder in Ägypten Hilfe suchen, kommt es zum dramatischen Wiedersehen und nach langen Irrwegen zur Versöhnung.

Erst durch diese Versöhnung kehren die Söhne Israels zu ihrer Berufung zurück, das Gottesvolk erfüllt seine Sendung nur auf dem Weg der Versöhnung. Die Verheißung Gottes, dass Leben gelingen soll, bedarf dieses Versöhnungsschrittes. Wenn Menschen in der hasserfüllten Auseinandersetzung verharren, verfehlen sie die Möglichkeiten ihres Lebens.

Mehr als einmal wird bei der Begleitung Sterbender diese Ursehnsucht nach Versöhnung spürbar. Immer wieder finden Menschen erst Ruhe, wenn noch eine Aussprache stattgefunden hat, wenn eine Vergebungsgeste möglich war. Ein Mann Anfang sechzig hatte sich im schlimmen Erbstreit vor vierzig Jahren mit seiner Schwester völlig überworfen und diese war nach Australien ausgewandert. Unruhig sprach er angesichts des Todes immer wieder von seiner Schwester. Die Angehörigen nahmen Kontakt auf und in der Tat: Die Schwester machte sich auf den Weg. Die Ärzte waren skeptisch, denn es musste mit dem baldigen Tod gerechnet werden. Der Mann hielt durch, bis die Schwester nach einigen Tagen da war. Wenige Stunden nach einer ergreifenden Begegnung starb er.

Warum sollen wir mit Versöhnung warten, bis wir auf dem Totenlager sind? Im alltäglichen Beziehungsleben ist es eine gute Übung, vor der Nacht entstandene Streitpunkte und Konflikte zu bereinigen. Es beeindruckt mich immer wieder, wenn alte Ehepaare erzählen, dass es durchaus zu manchem Ehekrach kam, aber dass sie spätestens vor dem Schlafengehen sich wieder gut waren.

Wir erweisen uns selbst einen wichtigen Dienst, wenn wir der nagenden und zerstörerischen Kraft von Streit und Zerwürfnis die Macht nehmen und ihren Raum einengen. Unversöhnlichkeit verhärtet Konflikte und macht uns selbst hart und unnahbar. Selbstverständlich gehört auch Konfliktfähigkeit zu einer reifen Person, mancher Konflikt muss sein und das ständige Ausweichen kann wichtige Entscheidungen und Entwicklungen verhindern und bedeutsame Rechte missachten. Doch die Fähigkeit, Konflikte auszuhalten und zu führen, muss nicht zu Brüchen und fortgesetzten Gehässigkeiten führen.

Versöhnung ist etwas anderes als ständige Harmoniesucht und Überspielen von Problemen. Es ist wichtig und unverzichtbar, hart um den richtigen Weg zu streiten und Meinungen notfalls auch klar abzugrenzen. Auch Jesus praktiziert den klaren Widerspruch, geht Konflikten nicht aus dem Weg und greift durchaus auch zum Mittel der Provokation. Doch über all diesen notwendigen Auseinandersetzungen, die seine Botschaft deutlich machen sollen, vergisst er nie die Versöhnung, nicht einmal am Kreuz.

Versöhnung wurzelt letztlich im Respekt vor dem anderen Menschen, auch wenn ich mich schwer mit ihm tue, auch wenn er mich verletzt hat. Versöhnung nährt sich aus dem Bewusstsein, dass ein unbegrenzter Konflikt letztlich immer zerstört und beschädigt. Versöhnung vertraut darauf, dass der andere mir als Begleiter, nicht als Rivale auf den Weg mitgegeben ist.

Weil Versöhnung immer von zwei Seiten erforderlich ist, gelingt sie auch nicht immer. Jesus macht im Liebesgebot, in der Bergpredigt und in Gesprächen über die Vergebung aber sehr deutlich, dass es zunächst auf meine innere Versöhnungsbereitschaft und Gesinnung ankommt. Feindseligkeit und die Absicht, den anderen am schwächsten Punkt zu treffen, verdunkelt meine Seele, stiftet Unfrieden. Die Bereitschaft zur Vergebung, die ausgestreckte Hand, der Mut, den ersten Schritt zu tun, lässt Frieden zunächst in meine Seele einkehren und dann kann ich vielleicht auch Frieden stiften.

Entzweite Menschen, die sich bekämpfen und die sich schaden wollen, widersprechen dem ursprünglichen Bild von der Bestimmung der Menschen füreinander, wie es in der Erzählung der Genesis gezeichnet wird. Wenn wir dieser Ursprünglichkeit nachhaltig und anhaltend zuwiderhandeln, zerstören wir eine Lebensquelle, schneiden wir uns von einer wichtigen Kraftquelle ab.

Versöhnungsbereite Menschen können wie Sauerteig werden. Sie nehmen das abgebrochene Gespräch wieder auf, sie führen zusammen, sie knüpfen an verloren gegangene Beziehungen vorsichtig wieder an, sie wirken fortschreitender Isolation und Verschärfung von Konflikten entgegen. Vielleicht ist es hie und da besser, in einer gewissen Distanz zu leben und einen bestehenden Graben zu akzeptieren. Doch trotzdem können der zerstörerische Hass und die ständige Fortsetzung des Streites unterbrochen werden. Solche Schritte, in denen wir uns innerlich und in der Beziehung zu anderen entfeinden und wieder füreinander öffnen, nehmen lähmende Mächte von uns und erleichtern lebendiges, Kraft spendendes Zusammenleben.

Einander (er)tragen

Die großen spaziergänge

Die großen spaziergänge, auf denen wir
nicht ins leere greifen

Immer geht die hand des andern mit

Reiner Kunze

Leben ist ein weiter Weg – weiß Gott nicht immer ein Spaziergang – und kostet Kraft. Auf manchen Etappen werden wir das Gefühl nicht los, »ins Leere zu greifen«. Klagen, die über unsere Lippen kommen, will keiner hören, unsere innersten Sorgen können wir mit niemandem teilen, vor dem Abgrund mancher Angst fühlen wir uns allein.

Vielleicht sind wir nicht ganz unbeteiligt an dieser Situation. Möglicherweise haben wir lange Zeit niemanden teilhaben lassen an unserem Weg, eine Fassade aufgebaut, hinter die auch die nahen Menschen nicht blicken konnten. Vielleicht ließen wir uns von der Betriebsamkeit und der Erledigung der Aufgaben so in Beschlag nehmen, dass die Menschen in unserer Umgebung mehr und mehr in den Hintergrund getreten sind. Mag sein, dass wir die Quelle, die uns im anderen geschenkt ist, wenig beachtet haben.

Gleichwohl, sie kann nie ganz versiegen. Es gehört zum Geheimnis der Menschen, neu anfangen zu können, und der Glaube spricht unaufhörlich von der Möglichkeit der Umkehr. Umkehr darf aber auch verstanden werden als neue Hinwendung zu Lebensquellen, als Rückkehr zu dem, was wirklich wichtig ist, als Zuwendung zu neuen Wertigkeiten im Leben. Gottes Entschluss, uns Menschen nicht dem Alleinsein zu überlassen, bleibt bestehen und findet immer wieder schöpferische Möglichkeiten des gemeinsamen Weges. »Immer geht die Hand des andern mit« – wie viel Trost und Zuversicht liegt in dieser Aussage. Die Hand des anderen kann auffangen und führen, beruhigen und Nähe schenken, halten und Mut machen.

Die Zuwendung zum Menschen, der unser Leben begleitet, führt an Kraftquellen. Leider bedarf es oft der schweren Krise, um diese Priorität im Leben neu zu entdecken. Einen jungen Familienvater ereilt mitten auf einer wichtigen Geschäftsreise die Nachricht eines Zusammenbruchs seiner Frau. Der Terminkalender ist voll, die Geschäfte scheinen unaufschiebbar – aber da ist eine junge Frau, die um ihr Leben kämpft, da sind zwei Kinder, die der Fürsorge bedürfen. Der Mann bricht die Reise sofort ab, sagt alle Termine ab und verbringt die folgenden Tage am Krankenbett und bei seinen Kindern. Als die Frau sich langsam erholt und das Schlimmste überstanden ist, äußert sich der Mann geradezu dankbar über die schweren Tage. »Mir ist deutlich geworden, was wirklich wichtig ist. Ich will meine Frau und meine Kinder nicht mehr so oft alleine lassen. Es wird schwierig, aber das ist ein Kapitel, das ich in diesen Tagen gelernt habe.«

Es ist gewiss nicht einfach, der Gestaltung unserer Beziehungen die notwendige Aufmerksamkeit zu widmen. Doch es schafft die Grundlage dafür, dass wir auf »den großen Spaziergängen nicht ins Leere greifen«. Welch großes Geschenk, wenn die Hand des anderen mitgeht, wenn Nähe spürbar wird, wenn ein WIR seine Kraft entfaltet.

Der große Bildhauer Auguste Rodin (1840–1917) hat in seiner Plastik »La Cathédrale« (s. nächste Seite) eine ausdrucksstarke Form gefunden, von diesem Geschenk der Hand des anderen »zu sprechen«.

Zwischen Darstellung und Titel der Plastik spannt sich ein aussagekräftiger Bogen. Zu sehen sind zwei rechte Hände, die aufeinander zugehen, kurz vor der Berührung. Die Handrücken weisen jeweils nach außen, sie schaffen einen Schutzraum. Die Finger tasten sich zur anderen Hand hin, bereit sie zu umfassen. »Kathedrale« nennt Rodin sein Werk. Wo Menschen einander behutsam die Hand reichen, wo sie sich aufeinander ein-lassen und ver-lassen, entsteht ein heiliger Bezirk, ein Ort der Gegenwart Gottes.

Wo die Hand des anderen mitgeht, kann uns jemand vor falschen Situationen bewahren, zurückführen auf den sicheren Weg, in dunklen Stunden Nähe zeigen und uns immer wieder die Gewissheit geben, dass auch verworrene Wege begleitet werden. Wo die Hand des anderen mitgeht, kann ich getragen werden, wenn meine Kraft schwindet. Und zugleich kann ich

Auguste Rodin, La Cathédrale

Berührung geschieht

den anderen tragen, im Wechselspiel einer Beziehung, die schenkt und empfängt. Wenn wir uns durch Nähe und Beziehungspflege tragen, haben wir auch die Kraft, einander zu er-tragen, wo unser Verständnis an Grenzen gerät, wo die Einmaligkeit des anderen uns zum Rätsel wird.

Die biblische Aussage, dass Gott die Menschen einander anvertraut, besagt auch, dass bei der Begegnung von Menschen nicht nur eine Summe mehrerer Personen entsteht, sondern dass »mehr« geschieht, dass etwas vom Ja des Schöpfers zu seinen Geschöpfen erfahrbar werden kann, dass Gott selbst mitschwingt und seine Gegenwart spürbar werden kann. Im anderen ist jedem von uns eine Quelle von großer Tiefe geschenkt – es ist gut, den Weg zu dieser Quelle immer neu zu gehen.

Impulse zur Achtsamkeit füreinander

Orte und Zeiten des Miteinanders

~ Ich überprüfe meinen Tages- und Wochenablauf, zu welchen Zeiten ich mich mit wichtigen Menschen meines Lebens (Partner, Kinder, Freunde, Angehörige, Kollegen ...) nicht nur treffe, sondern auch persönlich austausche.

~ Ich schaffe Gelegenheiten, dass diese persönlichen Begegnungen nicht der Zufälligkeit unterworfen sind, indem ein gemeinsames Essen vereinbart, eine Einladung ausgesprochen, eine gemeinsame Unternehmung geplant wird. Dies kann durchaus zu Gemeinschaftsritualen führen. Ich verleihe dem für mich selbst eine hohe Verbindlichkeit.

~ Ich führe ein kleines »Tagebuch des Alltags«, in dem ich Besuche, Gespräche, gemeinsame Unternehmungen oder wichtige Anrufe notiere. Ich blicke voraus und halte schon frühzeitig fest, wann bei bestimmten Menschen wieder ein Besuch, ein Anruf oder Ähnliches angebracht sind. Ich entziehe mich so der Nachlässigkeit und ständigen Überlagerung durch »unaufschiebbare« Dinge.

Gespräche führen und pflegen

~ Mit den wichtigen Menschen, mit denen ich lebe, versuche ich täglich das Gespräch zu pflegen. Gemeinsam überlegen wir, wie dies im Tagesablauf am besten möglich ist: bei einer gemeinsamen Mahlzeit, einer Tasse Kaffee, am Abend, bei einem kleinen Spaziergang, vor dem Schlafengehen ...

~ Ich frage mich nach einem Gespräch: Habe ich von mir etwas mitgeteilt, was mir wichtig ist? Habe ich vom anderen etwas erfahren, was ihm offensichtlich wichtig ist? Findet in unserem Gespräch Austausch statt?

~ In einigen ruhigen Minuten (vielleicht am Wochenende) überlege ich, mit wem ich bald wieder einmal ins Gespräch kommen will, wie ich dieses Gespräch arrangieren kann, worüber wir uns austauschen sollten. Ich beginne zeitnah, die Voraussetzungen für das Zustandekommen des Gesprächs zu schaffen.

Die Aufmerksamkeit für den anderen sensibilisieren

~ Ich versuche durch spielerische Übungen, meine Wahrnehmung vertrauter Menschen zu vertiefen. Nach dem Verlassen des Hauses frage ich mich zum Beispiel: Welche Kleidung trägt heute mein Partner, meine Partnerin, mein Sohn, meine Tochter? Welchen Schmuck? Welche Unterrichtsfächer haben meine Kinder heute?

~ Ich übe mich in Präsenz in den Alltagsbegegnungen ein: Ich schaue meine Partner an, unterbreche mein sonstiges Tun, höre bewusst zu, widme mich dem Menschen, der mir jetzt im Augenblick begegnet.

~ Bei zufälligen Alltagsbegegnungen versuche ich Menschen bewusst wahrzunehmen (ohne sie anzustarren). Was sagen mir die Augen, der Gesichtsausdruck? Welche Körpersprache kommt zum Ausdruck? Wie wirken die Hände, die Stimme?

DIE QUELLE IN GOTT

Das Wasser des Lebens

Aus vielerlei Quellen schöpfen wir Kraft. Ein naher Mensch oder eine intakte Familie, ein gesunder Lebensstil oder eine erfüllende Aufgabe können starke Energiespender sein, oft für lange Zeit. Viele Sinnentwürfe treiben uns an, geben Halt und Motivation. Und doch: Alle Sinnentwürfe zerbrechen an der Endlichkeit. Gesundheit vergeht, Aufgaben sind irgendwann erledigt, Beziehungen zerbrechen, nahe Menschen verlieren wir, alles unterliegt der Endlichkeit. Und es drängt sich die Frage auf nach dem, was bleibt, nach einem Halt, der tiefer wurzelt als die Hinfälligkeit, nach einer Hoffnung, die auch an der Vergänglichkeit nicht zerbricht.

Marie Luise Kaschnitz hat die Frage nach einer solchen Hoffnung in einem eindringlichen Text aufgeworfen:

Steht noch dahin

Ob wir davonkommen ohne gefoltert zu werden, ob
wir eines natürlichen Todes sterben, ob wir nicht
wieder hungern, Abfalleimer nach Kartoffelschalen
durchsuchen, ob wir getrieben werden in Rudeln, wir
haben's gesehen. Ob wir nicht noch die Zellenklopf-
sprache lernen, den Nächsten belauern, vom Nächsten
belauert werden, und bei dem Wort Freiheit weinen
müssen. Ob wir uns fortstehlen rechtzeitig auf ein
weißes Bett oder zugrunde gehen am hundertfachen
Atomblitz, ob wir es fertigbringen mit einer Hoffnung
zu sterben, steht noch dahin, steht alles noch dahin.

Marie Luise Kaschnitz

Es steht alles noch dahin und unsere Sehnsucht nach
Lebenskraft und Zukunft hadert mit der Ungewissheit
des Lebens und der Gewissheit des Sterbens. Können
Quellen so tief reichen, dass wir auch angesichts dieses
Haders aus ihnen zu schöpfen vermögen?

Das Johannesevangelium (Johannes 4,1–26) erzählt
uns eine Geschichte, in der Jesus auf dem Weg durch
Samarien an den Jakobsbrunnen kommt und eine
Frau um Wasser bittet. Eine mehrfache Anstößigkeit.
Jesus hat auf seinem Weg nach Jerusalem das als unrein
geltende Samarien nicht gemieden. Während mancher
Fromme einen Umweg auf sich nimmt, um nicht
durch »unreines« Land gehen zu müssen, hat Jesus offensichtlich keine Berührungsängste. Dass der dann

noch in der Öffentlichkeit eine Frau anspricht und um eine Gefälligkeit bittet, durchbricht weitere Tabus.

Dies irritiert auch die Frau: »Wie kannst du als Jude mich, eine Samariterin, um Wasser bitten?« Nun entspinnt sich ein Dialog, der auf verschiedenen Ebenen verläuft. Jesus bietet der Frau *lebendiges Wasser* an, was diese völlig verwirrt, und das verstärkt sich, als Jesus sagt: »Wer von dem Wasser trinkt, das ich ihm geben werde, wird niemals mehr Durst haben.« Jesus führt die Frau zur Tiefe ihrer Lebensfrage, er spricht von ihrem Lebensdurst, der niemals gestillt wurde. »Fünf Männer hast du gehabt, und der, den du jetzt hast, ist nicht dein Mann.«

Diese kunstvoll aufgebaute Geschichte rührt an unsere Grundbefindlichkeiten. Wir sind lebensdurstig und suchen unentwegt die Bestätigung, die Zuwendung, die Anerkennung, den Gewinn an Leben und Freude. Doch immer wieder werden wir durstig und müssen wir erfahren, dass unsere Antworten zerrinnen. Jesus spricht von einem lebendigen Wasser, das den Durst endgültig stillt. Damit meint er eine Zuwendung, die nicht vergeht, eine Verwurzelung, die dauerhaften Halt gibt, eine Hoffnung, mit der man auch sterben kann. Er selbst lebt aus dieser Zuwendung, aus der engen Verbindung mit dem, den er Abba −Vater − nennt, mit dem Gott des Lebens.

So zeigt Jesus der Frau eine entscheidende Lebensquelle auf, die für uns alle eine Herausforderung darstellt und die unsere Achtsamkeit fordert. Für die Bibel ist es keine Frage, dass bei »Gott die Quelle des Lebens« (Psalm 36,10) ist. Jesu Angebot eines Wassers, das keinen Durst mehr aufkommen lässt, knüpft an die Hoffnung des Gottesvolkes an, das auf einen Gott vertraut, »der nicht müde und matt wird« (Jesaja 40,28). In ihm sehen die Gläubigen eine Kraftquelle, von der sie sagen:

Er gibt dem Müden Kraft,
dem Kraftlosen verleiht er große Stärke.
Die Jungen werden müde und matt,
junge Männer stolpern und stürzen.
Die aber dem Herrn vertrauen,
schöpfen neue Kraft,
sie bekommen Flügel wie Adler.

Jesaja 40,29–31

Als Menschen einer pluralen Gesellschaft und des modernen Denkens sprechen wir nicht mehr so selbstverständlich von dieser Kraftquelle wie die Bibel. Im Weltbild der Neuzeit, fast täglich durch neue wissenschaftliche Überlegungen verändert, unterliegt der Gottesgedanke einer Verunsicherung und ständiger Anfechtung. Die Unmittelbarkeit, mit der die Bibel von Gott spricht, ist vielen Menschen nicht nachvollziehbar. Es gibt so viele Anlässe, die uns zweifeln lassen, unser Vorstellungsvermögen wird überstiegen und die Verborgenheit Gottes ist schwer zu verkraften. Das Leiden der Kreaturen macht uns sprachlos und lässt uns mit Gott hadern und viele Menschen haben den

Glauben ihrer Kindheit verloren und keinen neuen Zugang gefunden.

Doch all das ändert nichts an der Sehnsucht nach der tiefen Quelle und nach Sinn. Glaubensantworten können nicht verordnet werden, sie richten sich nicht nach Gesetzen der Logik, die nur einen Schluss zulassen. Die Frage nach Sinn ist nie endgültig beantwortet. Was heute meinen Sinn ausmacht, kann sich morgen verändern und wandeln. Die Gottesfrage fordert uns jeden Tag neu heraus und die entscheidende Antwort muss aus uns heraus entstehen, in je eigener Weise unserer Person. Papst Benedikt XVI. hat als Kardinal in einem Interview auf die Frage, wie viele Wege zu Gott es denn gäbe, genial geantwortet: »So viele es Menschen gibt.«

Am Ende der Schulzeit sage ich meinen Schülern immer wieder, dass ich im Religionsunterricht nie die Macht hatte, ihre Glaubensantwort festzulegen. Ich versichere ihnen meinen Respekt vor der je eigenen Antwort auf die Gottesfrage und die Sinnfrage. Doch ich versuche ihnen auch zu verdeutlichen, dass – bei aller Verschiedenheit der Standpunkte – kein Mensch eine Antwort auf diese Fragen dauerhaft verdrängen kann. Die Wirklichkeit des Lebens lässt uns diesen Anfragen nicht entkommen und irgendwann ist jeder von uns nach seiner Antwort gefragt.

So fängt die Achtsamkeit für die Quelle in Gott mit der Achtsamkeit für die Sinnfrage des Lebens an. Diese stellt sich in jedem Lebensalter anders, es gibt Zeiten, da steht sie im Hintergrund, aber sie stellt sich uns

Aus tiefem
Brunnen schöpfen

immer wieder in den Weg. Und gerade auf Wegstrecken, wo Kräfte schwinden, wo uns Erschöpfung erfasst und wir in Krisen geraten, stellt sich die Frage nach Sinn unüberhörbar.

Dann ist es gut, wenn uns diese Frage nicht überfallartig überrascht, wenn wir uns eingeübt haben in das Nachdenken und Fragen, in das Ergründen von Tiefenschichten des Lebens. Es hilft uns, wenn wir bezüglich dieser Fragen keine Analphabeten sind und in der Lage, über Sinn und Gottesfrage nachzudenken. Das Leben und die Schöpfung, der Mensch und die Zukunft zeigen sich immer neu als Geheimnis, weisen über das hinaus, was im Augenblick zu erfassen und zu begreifen ist. Diesen Blick über das Vordergründige hinaus gilt es zu pflegen.

Die Bibel bietet eine tragende Antwort an:

Der Herr ist mein Licht und mein Heil:
Vor wem sollte ich mich fürchten?
Der Herr ist die Kraft meines Lebens:
Vor wem sollte mir bangen?

Psalm 27,1

Der biblische Glaube lebt aus dem Vertrauen, dass hinter aller Lebensdramatik eine liebende Antwort steht, dass wir geschaffen sind, um glücklich – oder biblisch ausgedrückt: heil – zu werden. Die Menschen der Bibel vertrauen darauf, dass dieser lebensfreundliche Gott auch dann da ist, wenn die Lebenswege scheinbar ausweglos und verlassen sind. Und mit der Frau aus Samarien will Jesus uns aufmerksam machen: Es gibt eine Quelle lebendigen Wassers, an der unser Durst für immer gestillt werden kann. Er will uns ermutigen, den Weg zu dieser Quelle aus unseren Lebenserfahrungen heraus, mit unseren Fragen und Sehnsüchten immer neu zu wagen.

Nach-denken

Die alte Dame war schon öfters Patientin in der Klinik. Doch diesmal war es ernst und die Krebserkrankung setzte ihr mehr und mehr zu. »Sie sehen nur noch ein Wrack vor sich«, begrüßte sie mich, doch ihre lebendigen Augen signalisierten etwas ganz anderes. Im Gespräch fing sie an zu erzählen. Von ihrem Heimatdorf, in dem sie eine Banklehre gemacht hatte. Von der Absetzung ihres Vaters als Bürgermeister durch die Nazis. Von ihren Botengängen, bei denen sie regelmäßig aus dem Pfarrhaus eine verbotene Zeitschrift holte. Von den Verstecken der Mutter für diese untersagten Schriften, die auch bei keiner Hausdurchsuchung durch die SS entdeckt wurden. Vom heimlichen Hören des verbotenen Schweizer Radiosenders. Eindrucksvoll ließ sie diese Jahre lebendig werden. Am Ende zog sie ein Fazit: »Wenn ich das alles so bedenke – ich habe in diesen bitteren Jahren gelernt, wachsam zu sein, und vor allem eine Lehre habe ich für mein ganzes Leben gezogen: Wir dürfen Bedrängte niemals abweisen.«

Mich hat nicht nur die Erzählung der Frau beeindruckt, sondern auch die Gabe, aus den Ereignissen eine Botschaft herauszuhören, auch dunkle Zeiten des Lebens sinnvoll zu deuten. Vom großen dänischen Philosophen Søren Kierkegaard stammt die Aussage: »Leben muss man das Leben vorwärts, verstehen kann man es nur rückwärts.« Mag es manchmal sonderlich wirken, wenn ältere Menschen viel zurückblicken – oftmals sind es intensive Versuche, das eigene Leben zu deuten und zu verstehen.

In der Tat. Wir leben im Augenblick und müssen uns ständig der Zukunft stellen. Jetzt muss ich entscheiden, jetzt muss ich handeln und dabei immer daran denken, welche Konsequenzen das hat, was als Nächstes kommt. Ob richtig oder falsch, das zeigt sich meist erst in der Folge. Doch nehmen wir das noch wahr?

Dem Anspruch, im Augenblick zu leben und zu handeln, können wir kaum entgehen. Es ist ein Stück Selbstverständlichkeit des Lebens. Viel weniger selbstverständlich ist der Rückblick, das Nach-denken über das, was war. Dazu müssen wir uns Zeit nehmen, dafür besteht kein Handlungsdruck und deshalb ist es eine Anfrage an den bewussten Umgang mit unserer Lebensgeschichte.

Nach-denken ist eine einfache und doch anspruchsvolle Form der Meditation. Ich kehre in Gedanken zurück zu Ereignissen, die schon geschehen sind. Ich begegne erneut den Menschen, ich durchlebe Situationen gedanklich nochmals und ich beginne zu interpretieren und zu werten. Wenn ich über den zurückliegenden Tag nachdenke, erinnere ich mich an bestimmte Situationen, gewichte oder relativiere ich Ereignisse, ziehe ich Schlüsse über die Bedeutsamkeit verschiedener Vorkommnisse und plane nötige Schritte für die Zukunft.

Wenn ich weiter zurück nach-denke, betrachte ich mit einem gewissen Abstand ein Stück meines Lebensweges. Was im damaligen Augenblick ein riesiger Erfolg zu sein schien, hat sich im Nachhinein vielleicht als großes Problem entpuppt. Was anfangs als bedrückende Schwierigkeit bedrohlich aussah, zeigte sich als große Chance und nachhaltige Veränderung in meinem Leben.

An einer meiner Arbeitsstellen begegnete mir ein Mitarbeiter, der mit fünfundvierzig Jahren seinen Beruf in der Finanzbranche aufgegeben hatte und in eine Verwaltungstätigkeit in den kirchlichen Dienst gegangen war. Auf meine Frage nach seinen Beweggründen erzählte er mir, dass er an einem Samstag beim Streichen des Gartenzaunes einen Zusammenbruch hatte. Als er in der Klinik wieder aufwachte, wurde nach und nach deutlich, dass dies ein Warnschuss auf dem Weg zum Schlaganfall war. Er fasste den Entschluss einer entscheidenden Veränderung der Lebensführung, auch in beruflicher Hinsicht. »Heute sehe ich den Zusammenbruch am Gartenzaun als großen Glücksfall in meinem Leben«, sagte schließlich der inzwischen überaus sportliche und vitale Mitarbeiter.

Diese Begebenheit macht deutlich, dass Nach-denken immer ein individueller Schritt mit ganz persönlichen Antworten ist. Ich kann an kein Krankenbett herantreten und sagen: »In einiger Zeit werden Sie das Ganze als Glücksfall bewerten.« Das wäre zynisch und menschenverachtend. Ich kann nur über mein Leben nach-denken und dabei Spuren entdecken, die ich aus zeitlichem Abstand bewusster oder anders deute. Ich kann dafür sensibel werden, dass es eine Hintergründigkeit des Geschehens gibt, dass in Ereignissen möglicherweise ein Mehrwert liegt, den ich ursprünglich nicht sehen konnte, dass ich heute zu Deutungen in der Lage bin, die mein Leben in einem veränderten Licht erscheinen lassen.

Teil dieser Deutung des Nach-denkens kann es dann auch sein, dass ich die Gegenwart Gottes auf meinem Lebensweg entdecke. Stumme Wegstrecken können zu sprechen beginnen, verborgene Wahrheiten offenbar werden und überraschende Sichtweisen mir zu neuem »Sehen« verhelfen. Wo Gott abwesend schien, kann vielleicht seine Spur entdeckt werden und ein zunächst unverständliches Geschehen kann eine wichtige Botschaft an mein Leben in sich bergen.

Wenn wir in zeitlichem Abstand ein Buch ein zweites Mal lesen, entdecken wir oft Nuancen und Aspekte, die uns beim ersten Mal gar nicht aufgefallen sind. Für das Buch der eigenen Lebenswirklichkeit gilt dies auch. Es ist spannend und aufschlussreich, dieses Lebensbuch immer wieder in die Hand zu nehmen.

Verdichten und Überschreiten

Was ist ein Stein? Die Frage scheint banal. Faktisch handelt es sich um eine im Laufe der Erdgeschichte verfestigte mineralische Masse. Wir können Steine messen, wiegen, beschreiben, betasten, untersuchen. Doch schon wenn ein Kind einen Stein aufhebt und auf ein anderes Kind wirft, verändert sich die Betrachtungsweise völlig. Dann geht es um Verletzungsgefahr, Ermahnung, Belehrung und Bestrafung, dann wird deutlich, der Stein gewinnt im konkreten Gebrauch ganz neue Bedeutung.

Wenn wir beim Bau eines Gebäudes den Grundstein legen oder an einer bedeutsamen Stelle zur Erinnerung einen Gedenkstein errichten, wenn wir unsere Grundstücke mit Grenzsteinen markieren oder als Grabmal einen gestalteten Stein wählen, macht dies deutlich, dass der Stein mehr sein kann als mineralische Masse. Wenn wir dann sogar davon sprechen, dass »ein Stein vom Herzen fällt«, jemand ein »Herz wie Stein« hat oder wir einen »steinigen Weg gehen«, zeigt sich, dass sich im Stein viele Schichten von Wirklichkeit verdichten können und dies nicht nur materiell zu verstehen ist.

Steine können Symbole sein, »symballein« meint im griechischen Kontext so etwas wie zusammenfügen, zusammenwerfen. In Symbolen begegnet uns die Vielschichtigkeit der Wirklichkeit, im Symbol verdichten sich ganz unterschiedliche Ebenen unserer Erfahrung und unserer Welt. Vieles kann zum Symbol

Die Sprache der Steine

werden, Wasser und Baum, Feuer und Wind, Weg und Berg sind bekannte Beispiele dafür. Auch Jugendliche haben ihre eigenen Symbole, so beinhaltet ein Piercing viel mehr als den Wunsch nach einem auffälligen Schmuck und in manchen Tattoos verdichten sich Lebensauffassungen, Erfahrungen, Bedürfnisse und Gefühle. Jesus greift in seiner Verkündigung immer wieder auf die Symbolhaftigkeit der Wirklichkeit zurück: Senfkorn und Acker, Lilie und Sperling, Licht und Brot verdichten sich zu tiefer liegenden Botschaften von Gott und vom Leben, von Gemeinschaft und Hoffnung.

Symbole weisen uns darauf hin, dass in einem Gegenstand, einem Ding, einem Ereignis viele unterschiedliche Wirklichkeiten zusammenfallen können. Symbole führen uns an die Dichte von Lebenswirklichkeit heran. Um unsere Wirklichkeit nicht verengt und eindimensional wahrzunehmen, ist es hilfreich, für die Symbolhaftigkeit unserer Lebenswelt offen zu werden. Die Vase auf der Fensterbank erfüllt zunächst eine Funktion, doch vielleicht erinnert sie an einen Vorfahren, von dem man sie geerbt hat, vielleicht steckte einst ein Brautstrauß in dieser Vase oder möglicherweise sieht man den welken Zustand der darin befindlichen Blumen als Ausdruck der derzeitigen eigenen Verfassung. Mit Aufmerksamkeit und Sensibilität für die Welt, die mich umgibt, entdecke ich unzählige solcher Verdichtungen.

Lebenstempo, der Effizienzgedanke und nüchterne Rationalität verleiten dazu, die Vieldimensionalität des

Lebens nicht mehr wirken zu lassen. Die digitale Wirklichkeit definiert sich durch klare und unmissverständliche Abläufe, im Prozessmanagement sind eindeutige Regeln gefragt. Für Symbol und Poesie bleibt da kein Freiraum. Doch die eigene Lebensgeschichte ist niemals eindeutig und präzise definiert. So sind wir immer wieder eingeladen, über die vordergründige Sichtweise hinauszugehen, den Status quo unserer Deutung zu überschreiten.

Die bedeutsamen »Dinge« des Lebens erschöpfen sich nicht in einer Sichtweise. Auch wenn man es noch so oft behauptet, nie ist »alles gesagt«. Die Kalkablagerung in einem Gelenk ist klar definiert, biochemisch zu erklären und medizinisch einwandfrei zu diagnostizieren, doch für den Betroffenen kann sie Schmerz und Konfrontation mit dem Alter, Angst um die Vitalität und Leistungsfähigkeit, Sorge um die Erfüllung einer wichtigen Aufgabe und Angst vor einer Operation bedeuten. Wir stehen immer wieder vor der Notwendigkeit, die naheliegende und vordergründige Sicht von Dingen zu überschreiten. Im Fremdwort sprechen wir dann von Transzendieren.

Überschreiten relativiert die augenblickliche Sicht der Dinge. Mag sein, ich sehe nur einen Stein, der auf dem Regal eines Freundes liegt, doch nach wenigen Sätzen erfahre ich vielleicht, dass er von einer eindrucksvollen Reise stammt. Mag sein, kein Sonnenuntergang ist wissenschaftlich tatsächlich einer (sondern Ergebnis einer Erddrehung), doch angesichts der untergehenden Sonne beschäftigen mich dennoch Gedanken an Vergänglichkeit, Sehnsucht oder ferne Horizonte.

Der altbekannte Anfang des Gedichts von Matthias Claudius hat diese wichtige Dimension des Überschreitens, des Öffnens der Wirklichkeit für mehr Dimensionen zeitlos schön zum Ausdruck gebracht:

Der Mond ist aufgegangen,
die goldnen Sternlein prangen
am Himmel hell und klar.
Der Wald steht schwarz und schweiget,
und aus den Wiesen steiget
der weiße Nebel wunderbar.

Wie ist die Welt so stille
und in der Dämmrung Hülle
so traulich und so hold
als eine stille Kammer,
wo ihr des Tages Jammer
verschlafen und vergessen sollt.

Seht ihr den Mond dort stehen?
Er ist nur halb zu sehen
und ist doch rund und schön.
So sind wohl manche Sachen,
die wir getrost belachen,
weil unsre Augen sie nicht sehn.

Matthias Claudius

Immer dann, wenn wir uns die Zeit nehmen, über die Verdichtung wichtiger Lebensbereiche nachzudenken, ihre Mehrschichtigkeit zu betrachten und die Vordergründigkeit zu überschreiten, werden wir erleben, dass es stimmt: »So sind wohl manche Sachen, die wir getrost belachen, weil unsere Augen sie nicht sehn.« Matthias Claudius stellt sich gegen die Eitelkeit des Menschen, alles wissen zu wollen und in definierten Aussagen festzulegen. Er plädiert mit der Sprache der Poesie für die Öffnung unserer Person auf die Wirklichkeit hin, die oft hinter den Dingen liegt.

Gerade in Zeiten hoher Anforderung steuert uns zuweilen eine dominante Nüchternheit. Wir suchen pragmatische Überlebensstrategien und wenden diesen alle Aufmerksamkeit zu. Es ist nur zu verständlich, dass wir da »keinen Nerv« für grundsätzliche Betrachtungen und Hintergründigkeit haben. Doch die Gefahr einer Betriebsblindheit, eines Laufes im Hamsterrad, dem man scheinbar nicht mehr entkommt, kann dabei nicht übersehen werden. Die Unterbrechung, die einen Blick auf tiefere Zusammenhänge ermöglicht und über den Pragmatismus des Alltags hinausgeht, kann hier zur notwendigen Orientierung werden.

Das Überschreiten der faktischen, nützlichen und rationalen Dimension ist ein offenes Geschehen und geht verschieden weit. Es ist aber auch immer wieder offen für den Gedanken an einen tieferen Sinn, für die Frage, ob uns da nicht eine Wirklichkeit begegnet, die unser Begreifen übersteigt. So öffnen wir uns für neue Erfahrungen, die auch neue und ungekannte Kräfte erschließen können. Verdichten der Lebenswirklichkeiten und Überschreiten der Eindimensionalität ist urmenschlich und kann immer auch ein Brückenschlag zur Gotteserfahrung sein.

In die Stille hören

Die achtsamen Übungen des Nachdenkens, des Verdichtens und Überschreitens gelingen nicht einfach »nebenher«. Sie sind nicht Nebenprodukt unserer Tage, sondern bedürfen der Zeit und des Raumes, die wir ihnen geben. Und der Stille.

Menschen erleben Stille ganz unterschiedlich. Manche genießen es, wenn sie aus Trubel und ständigem Lärm in eine wohltuende Stille eintauchen können. Andere finden es paradoxerweise »beunruhigend«, wenn sie nichts mehr hören, wenn plötzlich tiefe Stille eintritt. In der Stille lenkt uns nichts mehr ab. In der Stille wird nichts mehr »überspielt« und wir sind ganz allein mit uns. Nur noch unser Atem und unsere Körperbewegungen sind vernehmbar. In der Stille wird die gigantische »Maschinerie« des Lebens ganz heruntergefahren – das ist ungewohnt und wird als Unterbrechung des gewöhnlichen Lebensablaufes erlebt. Manchmal auch als unerträgliche Leere.

Wüstenväter und Mönche, Einsiedler, Pilger und Meditationsschüler suchten und suchen immer wieder die Stille und lassen sich von ihr herausfordern und ansprechen. Sie machen die Erfahrung, dass Stille und Schweigen nicht stumm sind, sondern sich in der Stille Gedanken und Wahrnehmungen entfalten können, die in der alltäglichen Unruhe im Keim erstickt werden. In der Stille können Gedanken zu Ende gedacht werden, in der Stille gewinnen Gefühle an Deutlichkeit und Gewicht. Im Schutz der Stille können wir Erlebnisse ordnen, einen verlorenen roten Faden im Denken wiederfinden und zu uns kommen.

Die Stille finden wir nicht auf Knopfdruck und Befehl, sie bedarf der Einübung. Wenn mit Kindern in der Schule eine Stilleübung versucht wird, endet dies anfangs oft im Chaos. Ständig muss einer lachen, unvorhergesehene Geräusche stören, der Körper will einfach nicht zur Ruhe kommen, manche empfinden die Stille als komisch, andere als bedrängend. Doch wenn es behutsam und regelmäßig geübt wird, dann haben selbst Jugendliche schon den Wunsch geäußert, der Stilleübung doch einen festen Platz im Unterricht zukommen zu lassen. Stille ist für viele Kinder und junge Menschen äußerst ungewohnt (und nicht nur für sie), doch als Ritual des Alltags wird sie von vielen als stärkende Wohltat empfunden. Stille kann für jeden Menschen therapeutische Bedeutung gewinnen.

So kann jeder von uns mit einfachen Übungen der Stille einen Platz im Tagesablauf einräumen. In ruhiger Körperhaltung, an einem ungestörten Ort können wir uns für einige Minuten aus der Aktivität herausnehmen, uns bewusst wahrnehmen, das Tagesgeschehen gezielt unterbrechen. Zeiten der Stille entziehen sich dem Leistungsdenken, ich muss nun nichts schaffen, ich darf mich einfach in die Stille fallen lassen. Doch ich muss ihr bewusst ihren Platz einräumen. Stille ist vielfach gefährdet und sie ist leicht zu verdrängen. So unmittelbar sie ohne fremde Hilfsmittel schnell von uns gefunden werden kann, so flüchtig und störanfällig ist sie. Es liegt an uns, der Stille einen Schutzraum in unserem Alltag zu verschaffen, indem die beständigen Störangriffe ferngehalten werden.

Eine viel beschäftigte Landwirtin und Hausfrau erzählte mir, dass für sie diese Stille dann eintritt, wenn morgens alle Familienmitglieder aus dem Haus sind und sie sich vor Hausarbeit und Aufräumen diesen Freiraum schafft. Ein vierzehnjähriger Schüler berichtete mir, dass er hinter einem Stadel in seinem Dorf einen völlig abgeschiedenen Platz mit schönem Blick auf ein Moor entdeckt hat und er diesen Platz mehrmals in der Woche aufsucht. Seit Jahren beobachte ich eine Rentnerin, die bei jedem Wetter an einer Waldlichtung ganz in sich gekehrt auf und ab geht. Jeder von uns kann seine Form von Stille finden.

In diese Stille können wir dann hineinhören. Wir werden achtsam für das »Überhörte«, wir begegnen uns selbst in aller Ruhe und wir werden sensibel für das, was uns anspricht und herausfordert. Wir spüren die eigene Unruhe und innere Anspannung und werden darauf aufmerksam, wie sehr uns Betriebsamkeit und ständiger Handlungsdruck im Griff haben. Dem können wir voll Absicht die ganz bewusste Unterbrechung entgegenstellen.

Wenn wir gezielt und regelmäßig einen Schutzraum der Stille aufsuchen, befreien wir uns von einsei-
tigen Ansprüchen und erweitern wir unsere Wahrnehmung. Wenn wir unserem Leben in aller Ruhe
begegnen, tauchen Fragen und Gedanken auf, die in
der Betriebsamkeit schnell »weggedrückt« werden wie
unliebsame Anrufe. Möglicherweise sind darunter
auch »Anrufe« Gottes, die wir in Unruhe und Hektik
nicht annehmen, deren sanfte Tonlage wir in der ge-
räuschvollen Kulisse unserer Geschäftigkeit nicht hören.

Die Stille kann zu sprechen beginnen. Längst ver-
gessene Erinnerungen tauchen auf. Das Unausgespro-
chene bekommt Raum in Gedanken und Seele. So
wird auch die Möglichkeit geschaffen, dass Gott in
meinem Leben zu Wort kommt, dass er in meine Stille hinein einen Weg zu mir findet.

Die »Sprache« Gottes entdecken

»So oft heißt es in der Bibel, dass Gott zu den Menschen sprach. Wenn er nur einmal zu mir so sprechen
würde, wenn ich ihn nur einmal hören dürfte, ich
würde alle Zweifel, die mich je geplagt haben, hinter
mir lassen!« So äußert sich ein junger Mann, dessen
Frau unheilbar krank ist, der an ihrem Sterbebett große seelische Qualen leidet und an der Verantwortung
für seine zwei kleinen Töchter zu zerbrechen droht.

»Wenn Gott nur einmal zu mir sprechen würde«, so denken und empfinden viele Menschen. Der Gedanke an Gott kann so tröstlich, so tragend und so faszinierend sein – doch ist es denn mehr als ein Gedanke? Seine Ferne, seine Verborgenheit, sein Schweigen sind manchmal so übermächtig, dass da in mir keine Kraft mehr ist, auf ihn zu setzen, mit ihm zu rechnen.

Die Bibel spricht nur scheinbar so selbstverständlich von den Mitteilungen Gottes an die Menschen. Bei genauem Hinsehen wird uns ein breites Spektrum an Erfahrungen eröffnet und die Not vieler heutiger Menschen spiegelt sich auch in biblischen Gestalten wider.

Von Elija, dem großen Propheten, ist ganz ausdrücklich die Rede, dass er am Gottesberg Horeb erfährt, dass Gott nicht im Sturm, nicht im Erdbeben, nicht im Feuer ist (1 Könige 19). Noch bei Mose sind das die Formen, in denen sich Gott gezeigt hat, und sie sind zur Glaubenstradition geworden. Doch nun muss Elija erleiden, dass diese Traditionen nicht mehr lebendig sind, dass Gott auf den vertrauten Wegen nicht mehr zugänglich ist. Erst im leisen Säuseln begegnet ihm Gott auf neue Weise, mit der er erst vertraut werden muss. Aber er erfährt damit auch, dass Gott ihm noch etwas zu sagen hat, dass nicht leeres Schweigen an die Stelle lebendiger Beziehung getreten ist, sondern ein Wandel der Beziehung. Elija macht wie wir die Erfahrung, dass er Gott in vertrauten Formen nicht mehr erfährt. Doch zugleich ist er Beispiel dafür, dass in neuen Formen, für die wir vielleicht erst sensibel werden müssen, das lebendige Wort Gottes an unser Leben seine Kraft entfalten kann.

Auch von Jakob, dem Stammvater Israels und einer schillernden Gestalt mit Höhen und Tiefen, erzählt die Bibel, dass er erschöpft und getrieben von seinen Untaten vor sich selbst flieht (Genesis 28). Und in dieser Lebensnacht sieht er im Traum den Himmel offen und die Engel Gottes auf- und absteigen. Diese berühmte Himmelsleiter ist ein Bild für einen beginnenden Austausch mit Gott. Dem Gauner Jakob schenkt Gott Zuwendung und Segen, die Verheißung gelingenden Lebens wird bekräftigt. Als Jakob erwacht, sagt er einen wichtigen Satz: »Wirklich, der Herr ist an diesem Ort und ich wusste es nicht« (Genesis 28,16). Tiefer, als es seinem Bewusstsein jederzeit zugänglich ist – im Traum –, erfährt Jakob, dass ihn Gott auf unerwarteten Wegen anspricht.

Die biblischen Gestalten versinnbildlichen unsere Fragen und Erfahrungen. Gott scheint fern und schweigsam. Lange Durststrecken in spiritueller Leere machen uns mürbe. Wo einst stabiler Glaube trug, sind nun Fragen und Zweifel aufgetürmt. Entgegen unserer Wünsche hören und sehen wir nichts von Gott. Doch da steht die Entdeckung, dass Gottes Sprache sich neue Wege bahnt, dass er dem Menschen noch etwas zu sagen hat, doch dass dies in unbekannter Weise geschieht, ganz anders als erwartet.

Wer die tiefe Quelle der Gegenwart Gottes in seinem Leben sucht, muss offen sein für das Neue, muss bereit sein, immer wieder neu zu hören, muss sich darauf gefasst machen, dass der An-spruch Gottes an das eigene Leben zunächst fremd und missverständlich scheint. Für all das, dem wir in unserem Leben Achtsamkeit schenken wollen, brauchen wir Ruhe, Zeit und Bewusstsein. So auch für unsere Entdeckung der »Sprache« Gottes.

Die Bibel steht immer wieder vor der Unverfügbarkeit und Unbegreiflichkeit Gottes. Sein Vokabular übersteigt das Verständnis des Menschen, seine Sprache spricht der Mensch niemals »fließend und perfekt«, er beherrscht sie nicht. Immer wieder ist die Aufmerksamkeit gefordert, der wache Blick auf die Ereignisse und Widerfahrnisse des Lebens und das langsame Verstehen der Botschaften, denen ich begegne.

Der junge Familienvater, dessen Zweifel eben erwähnt wurden, erzählte mir später vom Tod seiner Frau. Sie starb abends in einem Hospiz und spät nachts kam er nach Hause. Die Oma wartete und in seiner Trauer trat er ins Kinderzimmer und sah die schlafenden Kinder. »Als ich diese Ruhe und diese vertrauten Gesichter sah, als ich mir ihre Bedürftigkeit und Schutzlosigkeit bewusst machte, war mir klar: Das ist jetzt deine Aufgabe, der Weg mit diesen kleinen Geschöpfen ist die Herausforderung für die Zukunft.«

Es steht uns nicht zu, religiös kurzschlüssig zu folgern. Dennoch kann gerade diese Situation in tiefer Trauer auch als »Wort« Gottes gedeutet werden und genau das hat der junge Familienvater getan. Begleitende Seelsorge darf sich hier nicht anmaßen, anderen

Menschen zu erklären, wie Gott sich ihnen jetzt mitteilt. Doch im Mitgehen und in ehrlicher Nähe kann sie hilfreich werden, die Stimme Gottes im Gefüge des eigenen Lebens herauszuhören.

Die Tonlage dieser Stimme ist nicht von uns einzugrenzen, nicht ihr Anlass und nicht das, was sie mitteilt. Das faszinierende Naturerlebnis kann für Menschen genauso die Sprache Gottes sein wie die wohltuende Nähe eines Menschen. Die Stimme des Gewissens, die mich nicht loslässt, und der Zweifel an der Richtigkeit meines Weges können von mir als Beziehung Gottes zu meinem Lebensweg gedeutet werden. Das unverständliche Ereignis, dessen Sinn sich mir erst viel später erschließt, und die Erfahrung einer Kraft, die mir in einer bestimmten Situation wie ein Geschenk vorkommt, können zum Vokabular Gottes zählen. Andere begegnen im Wunder des Lebens, das sie mit einem Kind in Händen halten, dem lebensfreundlichen Gott und wieder andere beginnen im Scheitern und in der Krise nachzufragen, ob Gott nicht ganz anders ist, als sie ihn bisher dachten.

Die Grunderfahrung der Menschen der Bibel lautet: Gott teilt sich mit. Das heißt noch lange nicht, dass er immer verstanden wird. Doch es fordert auf, hinzuhören, sich auf den Weg zu machen, das Leben wach zu betrachten, um immer wieder entdecken zu dürfen, dass Gott mir etwas sagt.

In der Schöpfung leben

In einem Besinnungstext über einen Spaziergang nach einem Regen fordert der Theologe Jörg Zink dazu auf, eine Handvoll frischer Erde aufzunehmen. Der Betrachter soll sich verinnerlichen, welche unvorstellbare Vitalität er da vor sich hat, wie Milliarden von Lebewesen in seiner Hand liegen. Jörg Zink schließt den Besinnungstext mit einem weisen Fazit: »Für uns moderne Menschen, die leichter an ihrer Lebendigkeit zweifeln als aus ihr leben, ist dies eine Übung, die wie ein Heilmittel wirken könnte.«

Es ist eine Binsenweisheit: viele Menschen der Moderne, von Technik und Medien geprägt, haben den unmittelbaren Bezug zur Natur verloren. Die natürlichen Zyklen werden vielfach manipuliert und ignoriert, die Gaben der Erde werden erworben und nicht mehr gesät und geerntet, in den Großstädten sind viele Wahrnehmungen der Natur schlicht nicht mehr zugänglich. Virtuelle Formen haben das direkte Erlebnis oft ersetzt.

Das Bekenntnis des Psalmisten ist für viele nicht mehr nachvollziehbar:

Lobe den Herrn, meine Seele!
Herr, mein Gott, wie groß bist du!
Du bist mit Hoheit und Pracht bekleidet.

Psalm 104,1

Der Schöpfung begegnen

Für den biblischen Menschen offenbart die Schöpfung die Größe und Liebe Gottes. In der Vielfalt des Lebens, in den Geschöpfen, dem Mikro- und Makrokosmos offenbart sich ein Gott voller Kreativität und Lebensbejahung. Die Begegnung mit Pflanze und Tier, Sperling und Sternenhimmel wird zum Ort des Staunens, ergreift Denken und Gefühl und eröffnet einen Zugang zu Gott. Natur und Schöpfung weisen über sich hinaus und ermöglichen Gotteserfahrung.

Gewiss, für den aufgeklärten Menschen bleibt kein Raum für eine naive Naturromantik. Zur Natur gehört nicht nur die Ordnung, sondern auch das Chaos. Schöpfung ist nicht nur schön und gut, sondern sie kann bedrückend, unheimlich und gefährlich sein. Unserer Wahrnehmung begegnet nicht nur der zauberhafte Schmetterling, sondern auch das grässliche Bakterium. Schöpfung hat ihre dunkle und geheimnisvolle Seite, so wie auch die Gotteserfahrung der Bibel das Unerklärliche und Schwierige nicht glattschmirgelt.

Doch eine bewusste Erfahrung mit der Natur kann auch zur vitalen und ursprünglichen Lebensquelle werden. Welch tiefes Hoffnungssignal können zarte Vogelstimmen im Morgengrauen sein? Welch unverfälschte Lebensfreude strahlen Gänseblümchen auf einer Frühlingswiese aus? Wie ergreifend kann die erhabene Stille eines Waldes sein? Wie bezaubernd wirkt eine tiefverschneite Landschaft? Welche Farbenpracht bieten die Frühlingsgärten und der Herbstwald?

Eine ältere Dame verbrachte viele Monate wegen einer ausgesprochen langwierigen und komplizierten Wundheilung in der Klinik, immer im selben Zimmer, am selben Platz. Es war eine Geduldsprobe. Kurz vor Weihnachten dann die Entlassung. Mit hintergründigem Humor zeigte die Dame auf den kahlen Laubbaum vor ihrem Fenster. Sie meinte: »Eins hatte das lange Krankenlager für sich. Ich habe noch nie so bewusst erlebt, wie die Blätter des Baumes Tag für Tag ihre Farbe wechseln, wie Sonne, Wind und Regen auf sie einwirken und wie sie langsam von den Bäumen fallen. Der Baum da draußen war ein richtig hilfreicher Begleiter durch all diese Wochen.«

So unbegreiflich die Natur auch manchmal sein mag, die Bibel lässt sich nicht in dem Bekenntnis beirren, dass hinter allen Erscheinungsweisen der Schöpfung einer steht, der all das will und bejaht. Und so wird die intensive Begegnung mit der Vielfalt der Schöpfung zum Zugang zu einem tieferen Lebensgrund, zur Meditation über das Leben und den Sinn.

Dieser Begegnung haben wir den entsprechenden Raum, die Zeit und die Unmittelbarkeit zu widmen. Über das Wunder einer aufgehenden Saat können wir selbst auf der Fensterbank einer Großstadtwohnung staunen. Es erfordert keinen großen Aufwand, in aller Ruhe einen Sonnenuntergang zu genießen, uns an der Pracht von Blumen zu freuen oder die sorgfältige Fellpflege einer Katze zu beobachten. Im Zeitdruck der alltäglichen Verrichtungen haben wir es oft einreißen lassen, die kleinen Besonderheiten der Natur zu übersehen. Eine neue Aufmerksamkeit kann uns bewusst machen, wie viel wir damit verlieren. Die Gaben der Schöpfung sind zum Greifen nahe.

Meist ist es auch kein allzu großer Aufwand, sich die eine oder andere Stunde zu ermöglichen, in der wir unsere Sinne für die großen und kleinen Wunder der Natur öffnen. Da sitzt jemand an einem Sommerabend an einem See und beobachtet gedankenverloren die Entenmutter mit ihren Jungen. Da lauern Eltern und Kinder ganz leise und geduldig an einer Waldlichtung, um Rehe mit ihren Jungtieren zu sehen. Da bewundert jemand das Panorama von einem Berggipfel aus und kann Sorgen und trübe Gedanken für einige Zeit im Tal zurücklassen.

Wir selbst sind ein Teil der Schöpfung, gehören zur Natur. Kräfteverlust kann auch etwas damit zu tun haben, dass wir diese wesentliche Verbindung vernachlässigen, uns herauslösen aus dem Kontext, der zu uns gehört. Die bewusste Zeit in und mit der Natur kann wieder hinführen zu dieser vernachlässigten Quelle. Die unendliche Vielfalt der Schöpfung, ihre zahllosen Wunder und Geheimnisse lassen Leib und Seele teilhaben und das Lebensangebot des Schöpfers wieder bewusst werden.

Gott ansprechen

Spiritualität ist heute zum Modewort geworden. Früher war der Begriff der Frömmigkeit beliebt, doch viele empfanden ihn als zu eng, auf eine bestimmte Gläubigkeit fixiert. Spiritualität spricht von einer Prägung der Lebensform durch eine geistig-geistliche Ausrichtung. Wir kennen einen großen Reichtum an spirituellen Impulsen zwischen Askese und Mystik, Kontemplation und Engagement für eine Sache.

Auch in einer Zeit schwindender traditioneller Frömmigkeit setzt sich immer wieder die Einsicht durch, dass materielle Absicherung, Erfüllung der alltäglichen Anforderungen und die Prämissen einer Freizeit- und Spaßgesellschaft den Bedürfnissen vieler Menschen nicht ganz gerecht werden. Viele fragen nach dem, was Jesus gemeint hat, wenn er sagt, dass der Mensch von mehr lebt als dem Brot.

Eine Spiritualität, die offen ist für die Spur Gottes im eigenen Leben, die bemüht ist, den Anspruch Gottes an die eigene Geschichte zu vernehmen, ist auch eine fragende, suchende, sprechende und sich öffnende Lebenshaltung. Sie begnügt sich nicht mit dem Selbstgespräch und der Reflexion, sondern sie spricht sich aus und wendet sich an den, nach dem sie fragt und sucht. Das schlichte Wort »Gebet« meint all dies.

Für viele ist Gebet ähnlich verengt wie Frömmigkeit, teilweise eingegrenzt auf die Formen, die man in Kindheit und Gottesdienst kennengelernt hat und die manchen fremd geworden sind. Doch zugleich öffnen sich auch Menschen, die ihre Verbindung zu Glaube und christlicher Frömmigkeit weitgehend verloren haben, immer wieder für spontane Formen des Gebetes.

Bei großen Katastrophen füllen sich Kirchen binnen weniger Minuten, Menschen verharren in schweigender Andacht, suchen in Kerzen und Blumen eine Ausdrucksform für ihre Trauer. Auf dem Weg zur Operation falten sie die Hände und in großen Belastungssituationen kommt ein Stoßgebet über ihre Lippen. Und nicht nur Not lehrt beten, auch in großer Freude drücken Menschen ihre Dankbarkeit in ganz verschiedenen Formen aus.

Unsere Grundausrichtung, über uns hinaus zu fragen und zu sprechen, kann zu großer Tiefe finden. Dem dient es, wenn wir uns in das An-sprechen Gottes, das Gebet in einem weiten Sinne, immer wieder einlassen und einüben. Die Enttäuschung über nicht erhörte Gebete, die vermisste Antwort, die Wortlosigkeit in manchen Situationen erschwert die Kraft des Betens. Doch die Unermüdlichkeit lässt auch immer wieder neue Einsichten und Erfahrungen zu.

Jesu Aufforderung an seine Jünger, die beten lernen wollen, ist deutlich:

Bittet, dann wird euch gegeben,
sucht, dann werdet ihr finden,
klopft an, dann wird euch geöffnet.

Lukas 11,9

Die Worte Jesu scheinen schnell widerlegt. Wie oft haben wir nicht empfangen, nicht gefunden und verschlossene Türen vorgefunden. Doch dies sind vielleicht auch voreilige Schlüsse. Eine alte Dame hat mir da eine bedenkenswerte Erfahrung mitgeteilt. Mit ihrem Enkel fuhr sie an einen Wallfahrtsort, um das Anliegen der Genesung der lebensbedrohlich erkrankten Tochter und Mutter des Enkels betend vor Gott zu tragen. Sechs Wochen nach der Wallfahrt starb die Tochter. »Was hat jetzt die ganze Beterei gebracht?«, fragte sie der Enkel wenige Tage nach der Bestattung. Behutsam erzählte sie ihm von ihren Gefühlen und einer wichtigen Erfahrung: »Als wir zur Wallfahrt fuhren, habe ich immer gebetet: Lass sie gesund werden. Auf dem Heimweg habe ich erstmals gebetet, Gott soll immer bei ihr sein, egal was geschieht. Erst nach dem Tod ist mir diese Veränderung im Gebet bewusst geworden.«

Das Ansprechen Gottes gibt uns nicht die Antwort wie im zwischenmenschlichen Dialog. Doch das heißt nicht, dass meinem Aussprechen keine Antwort begegnet. Meine Betrachtungsweise kann sich kaum merklich verändern, mein Denken kann hinterfragt und meine Situation neu betrachtet werden.

So, wie es wichtig sein kann, die Sprache Gottes in meinem Leben neu zu entdecken, kann es auch bedeutsam werden, meine Sprache vor Gott neu zu entfalten und durch sie dem Geheimnis meines Lebens neu zu begegnen. Ein Dialog ganz anderer Art und Erfahrungsdimension kann beginnen. Wie vielfältig kann das Sprechen vor Gott sein. Jubel und Klage, Vorwurf und Dank, Schweigen und Schreien, Lobpreis und Hader. Gebet als Aussprechen vor Gott nimmt nichts aus und öffnet sich so stets neu.

Manche Patienten, die von einer Summe schlimmer Schicksale erzählen, frage ich manchmal, ob sie schon in der Kapelle waren und dort vor Gott geklagt und all ihren Hader hingetragen haben. Sie meinen dann oft, das gehöre sich nicht, doch mit Hinweisen auf die Psalmen und die Klagegebete Hiobs und anderer ermutige ich sie, vor Gott wirklich alles zu sagen. Es ist schon vorgekommen, dass mich Patienten einige Tage später angesprochen haben und meinten, es sei zwar alles noch genauso schlimm wie beim letzten Gespräch, aber seit dem Klagegebet in der Kapelle sei es ihnen leichter. Vielleicht gibt Gott seine Antworten auf ganz verschlungenen Wegen?

Die Sehnsucht nach der Quelle lebendigen Wassers, nach einer tiefen Sinnantwort, die uns trägt und hält, kann uns immer wieder Antrieb sein, die ganze Breite unseres Lebens vor Gott auszusprechen, die Beziehung zu ihm zu suchen und zu pflegen. Dies ist gewiss nicht immer leicht und immer wieder leiden wir unter mehr oder weniger intensiven Beziehungsstörungen. Doch wenn wir aufhören zu sprechen, entfernen wir uns immer mehr von dieser Beziehung. Wenn der Gesprächsfaden nicht reißt und ich mich nicht in die spirituelle Sprachlosigkeit zurückziehe, kann die Beziehung ihre Kräfte auch in unerwarteter Weise neu entfalten.

Mit anderen auf der Suche

Worüber reden wir mit unseren Mitmenschen? Über die Arbeit, den Sport, die Politik, das Wetter? Über die Sorgen mit den Kindern, den nächsten Urlaub, über Autos oder Kleider? Es wurde schon davon gesprochen, dass ein wirkliches Gespräch gar nicht so einfach ist, weil es über die Banalität des Miteinander-Redens hinausgeht.

Sprechen wir mit den anderen über Gott? Über die Sinnfrage in unserem Leben? Über die unbeantworteten Fragen in meinem Leben? Jahrelang saß ich im Lehrerkollegium an einem Tisch mit einem Kollegen. Wir wussten einiges voneinander und mir war auch bekannt, dass er sich in seiner Kirchengemeinde aktiv beteiligte. In einer Mittagspause erlitt er unvermittelt einen schweren Anfall, das war der Anfang vom Ende. Der Anfall war von einer Hirnmetastase ausgelöst, es folgten schwierige Operationen, Strahlentherapie und das Sterben. Als ich ihn in der Klinik besuchte, kamen wir erstmals ins Gespräch »über den da oben«. Er schenkte mir Teilhabe an seinen Fragen, an den Zweifeln und Hoffnungen, an der Schwierigkeit, die nahe Menschen mit dem Glauben haben. Dieses Gespräch führte uns eng zusammen, bis zum Ende durfte ich ihn begleiten.

Vom anderen zu erfahren, dass auch er sucht und fragt, teilzuhaben an seinen Gedanken, seinem Glauben und seinen Vorstellungen, eröffnet uns den Blick dafür, dass wir nicht spirituelle Einzelkämpfer sind.

Uns wird bewusst, dass Menschen in unserer unmittelbaren Umgebung von denselben Grundfragen des Lebens umgetrieben werden. Oft erstaunt es uns, wenn wir erfahren, dass da ein vertrauter Mensch ganz ähnlich denkt wie wir. Doch oft liegt all das unter einem dicken Mantel des Schweigens.

Religiöse Fragestellungen scheinen etwas sehr Intimes zu sein, wenn man beobachtet, wie tabuisiert sie oft im menschlichen Miteinander sind. Religion sei eine Privatsache, heißt es oft und gerne, dabei wird übersehen, dass bei Betrachtung der Wirkungsgeschichte der Religion überdeutlich wird, wie sehr sie das Private übersteigt. Gewiss, Religion ist eine ganz persönliche Antwort und erfordert große individuelle Freiheit, aber in ihrer Konsequenz greift sie über das Private hinaus. Doch es fällt offensichtlich schwer, die Frage nach Gott mit anderen zu stellen und zu teilen.

Jesus führt die Menschen zur Glaubensgemeinschaft zusammen. Er sendet die Jünger immer zu zweit aus, um Einzelgängertum und Isolation zu vermeiden. Er versammelt Menschen zur Tischgemeinschaft, die für ihn ein Sinnbild der Gegenwart Gottes wird. Er macht deutlich, dass dem Opfer im Tempel die Versöhnung mit dem Bruder vorausgehen muss, und er fragt die Jünger immer wieder, worüber sie denn unterwegs gesprochen haben. Wie wichtig ihm diese lebendige Gemeinschaft derer ist, die die tiefste Quelle ihres Lebens suchen, macht er deutlich, wenn er sagt: »Denn wo zwei oder drei in meinem Namen versammelt sind, da bin ich mitten unter ihnen.« (Matthäus 18,20)

Menschliche Begegnung, die über das Banale und das Selbstverständliche hinausgeht, die auch offen ist für den spirituellen Austausch, in der die Frage nach Gott nicht mehr peinlich ist und die gemeinsam nach einem sinnerfüllten Weg sucht, gewinnt Tiefe und Dichte. Dies muss nicht völlige Übereinstimmung sein – allein zu spüren, dass Mitmenschen wie ich ernsthaft nach Wurzeln suchen, die halten und Stürmen standhalten, richtet auf und gibt Kraft.

Freudestrahlend zeigte mir eine an einer schweren Stoffwechselkrankheit leidende Frau die Karte ihrer Freunde, auf der sie schrieben, dass sie sich im Familienkreis wöchentlich zum Gebet für sie treffen. Welche Kraftquelle für die, die beten, und die Person, für die gebetet wird!

Es gibt Gemeinden, in denen treffen sich regelmäßig Mütter und Väter zum gemeinsamen Gebet für ihre Kinder, Lehrerkollegien machen einmal im Jahr eine kleine Wallfahrt, Jugendliche treffen sich zu Frühschichten in besonderen Zeiten des Kirchenjahres und Trauernde haben die Möglichkeit zu einem regelmäßigen Treffen. Sie alle machen die Erfahrung, dass es guttut, sich in der Suche nach Gott zu ver-bünden, von anderen zu empfangen und sich anderen zu öffnen.

Die Hülle der Einsamkeit, der still für sich erlittenen Ängste und Fragen wird durchbrochen. Aus der zaghaften Hoffnung, die sich nicht mehr verschweigt, dem Zweifel, der sich nicht mehr schämt, und dem Glauben, der nicht im Individuellen verharrt, wird ein

Netz, das Kraft entfaltet, das auffangen kann. Wir kommen uns nahe und begreifen, dass wir alle Suchende sind, dass immer wieder das Licht der Hoffnung in den einzelnen Lebensgeschichten aufleuchtet, dass wir uns alle nach einer Quelle sehnen, in der wir lebendiges Wasser finden. Diese Nähe füreinander ist eine der Sprachformen Gottes, in denen er sich mitteilt.

Es erfordert Mut, ins Gespräch mit vertrauten Menschen auch den Faden der religiösen Erfahrungen und Gedanken einzuflechten. Doch es bereitet die Möglichkeit, dass Gott uns in lebendiger Gemeinschaft begegnen kann.

Aus Vertrauen leben

Der gute Hirte gehört zu den ältesten Darstellungen Christi in der Kirchengeschichte. Auch wenn das Motiv im Laufe der Jahrhunderte verkitscht und in unzähligen folkloristischen und romantisierenden Formen dargeboten wurde, behält es eine tröstliche und hilfreiche Botschaft: Es spricht vom Getragenwerden, von einem, der sich um mich kümmert. Da sind Hände, die halten, eine Schulter, die stark ist, da ist eine Botschaft von Fürsorge und Achtsamkeit für mich.

Das Bild vom Hirten durchzieht das Gottesverständnis des Alten Testamentes. Die Rede von Gott und die Darstellung Jesu greifen vielfach auf dieses Bild zurück, es ist ein Ursymbol biblischer Glaubensverkündigung. Das Hirtenvolk Israels versteht dieses Bild auf dem Hintergrund alltäglicher und keineswegs idyllischer Erfahrungen des Hirtendaseins in wilder Wüstenlandschaft. Es findet im Bild vom Hirten eine anschauliche Möglichkeit, auf der Grundlage der eigenen Erfahrungen vom Dasein Gottes für die Seinen zu sprechen. Jesus macht in seiner Predigt deutlich, dass Hirte und Schafe zusammengehören, dass der Hirte an seinem großen Verantwortungsbewusstsein für alle erkannt wird und dass das Verhältnis der Schafe zum Hirten von Vertrauen geprägt ist. »Er geht ihnen voraus und die Schafe folgen ihm; denn sie kennen seine Stimme.« (Johannes 10,4)

Es ist schwer, Vertrauen zu schenken und aus Vertrauen zu leben. Zu viele bittere Enttäuschungen machen misstrauisch. Zu viele Erfahrungen mahnen zur Vorsicht. Missbrauchtes Vertrauen fügt Verletzungen zu. Zweifel nagen immer wieder am Vertrauen auf Gott. Zu viele vermeintliche Hirten haben sich als Wölfe erwiesen.

Doch es gibt auch den Moment, wo keine Sicherheit mehr hält, wo Leben ohne Netz und doppelten Boden stattfindet und wo deutlich wird: Die eigenen Möglichkeiten sind an einer Grenze angekommen. Ich muss die sicheren Grundlagen meines Lebens, den Boden unter den Füßen ver-lassen. Ich stehe plötzlich alleine und ohne vertraute Sicherheiten da und fühle mich verlassen. Worauf kann ich mich jetzt verlassen? Im Wort »verlassen« liegt ein tiefgründiger Dreiklang.

Priscilla-Katakombe, Der gute Hirte

Fürsorge und Getragensein

Nirgends habe ich eine endgültige Bleibe, keine Sicherheit meines Lebens ist beständig, ich muss jeden Ort des Lebens, den ich betrete und an dem ich mich zu verwirklichen versuche, wieder verlassen. Diese Erfahrung, unbehaust zu sein, letztlich keine bleibende Heimat zu haben, weckt das Gefühl der Verlassenheit, des Alleinseins. Doch »verlassen« enthält auch die Botschaft vom Vertrauen, vom Loslassen auf einen neuen Halt hin, vom Sprung in die Tiefe, begleitet von der Hoffnung, aufgefangen zu werden.

Von nichts anderem spricht letztlich der Glaube. Natürlich geht es im Glauben auch um den Inhalt, um Sätze eines Bekenntnisses, um Überzeugungen, aus denen wir Standpunkt und Identität gewinnen. Doch im innersten Kern spricht Glaube vom Vertrauen auf den, der mich trägt, der mich auffängt im freien Fall, auf den hin ich mich fallen lassen – verlassen – kann. Nur auf dieser elementaren Erfahrung können Glaubenssätze jemals einen Sinn erhalten und zum Orientierungsgerüst werden.

Doch während ich Glaubenssätze erlernen und ich mich in Gesprächsfähigkeit und Stillehaltungen einüben kann, fällt die Einübung ins Vertrauen viel schwerer. Ich kann mir vornehmen, eine Viertelstunde des Tages ganz für mich zu nehmen, und kann dies morgen schon umsetzen. Doch mein Vorsatz, ab morgen aus Vertrauen zu leben, mutet absurd an. Wie soll das gehen?

Vertrauen ist eine Erfahrungshaltung, deren Wesen sich erst im Tun entfaltet. Ich begreife erst was Vertrauen ist, wenn ich vertraue. Ich erfahre den Halt erst, wenn ich mich fallen lasse. In unzähligen Vertrauensübungen versuchen wir dies in Seminaren zu erschließen.

Mir war dabei die Erfahrung beim Erlernen des Schwimmens meiner Kinder immer ein hilfreiches Sinnbild. Kein Mensch erlernt Schwimmen vom Beckenrand aus, alle einführende Gymnastik, ja selbst physikalische Beweise für die Möglichkeit des Schwimmens ersetzen den einen entscheidenden Moment nicht: Ein Kind lässt die haltende Hand los, gibt den festen Grund unter den Füßen auf und erfährt, dass die Schwimmbewegungen über Wasser halten. Der entsichernde Schritt, das Einlassen auf die neue Wirklichkeit eröffnet erst die ur-sprüngliche Erfahrung von Vertrauen.

Alle Bibellektüre kann leeres Stroh dreschen, alle Kirchlichkeit kann erstarrte Tradition werden und alle frommen Lehren können die entscheidende Erfahrung nicht ersetzen: Ich lasse mich fallen und erfahre, ich falle nicht ins Bodenlose, ich finde Halt.

Vielgestaltig erzählt die Bibel in pointierter Weise, wie Menschen aus Vertrauen leben und wie es ihnen dabei ergeht. Abraham ist einer der Urtypen dieses Glaubens, der im hohen Alter seine Heimat verlässt, ohne zu wissen, wohin es gehen soll. Allein das Vertrauen auf Gottes Zusage lässt ihn aufbrechen, Höhen und Tiefen bestehen und eine erfüllte Zukunft finden. Petrus steigt aus dem Boot, um auf dem Wasser zu wandeln. Er erfährt, dass ihn etwas trägt und hält. Und als seine Zweifel übermächtig werden, er unterzugehen droht und ihm das »Wasser bis zum Halse steht«, fängt ihn Jesus auf.

In der Glaubensgemeinschaft begegnen mir Zeugen aus Vergangenheit und Gegenwart, die mich teilhaben lassen an ihrem Weg des Glaubens. Ich lasse mich von ihnen herausfordern und inspirieren und suche damit immer wieder nach meiner Möglichkeit, mich der Fürsorge Gottes anzuvertrauen.

Es ist immer wieder ein großes Geschenk, hochbetagte Menschen zu erleben, die in Weisheit und Reife am Ende ihres Lebens zu einer großen inneren Gelassenheit finden. Ein Ehepaar – der Mann im neunzigsten Lebensjahr, die Frau wenige Jahre jünger – kommt gemeinsam in die Klinik. Die Krebserkrankung des Mannes ist fortgeschritten, die Frau ist seit einem Jahr ein Pflegefall. Mit großer geistiger Wachheit teilt der Mann seine Gedanken mit. Er weiß, dass die letzte Wegstrecke bevorsteht. Und ohne Pathos und aufgesetzte Attitüde, aber mit innerer Heiterkeit bekennt er: »Nach so vielen erfüllten Jahren ist es gut, dass es auch ein Ende gibt. Ich darf dankbar sein. Und mit Neugierde und Hoffnung erwarte ich, was nun auf mich zukommt.«

Vertrauen als Lebenshaltung ist jeden Tag neu angefragt. Die Ungewissheit der Zukunft und die Gewissheit eines Endes fordert mich immer wieder neu auf, eigene Ohnmacht zu akzeptieren und meinen Weg den »guten Mächten« anzuvertrauen, von denen Dietrich Bonhoeffer so eindrucksvoll spricht. In einer täglichen Besinnung kann dies zum bewussten Ausdruck meiner Worte und Gedanken werden. Manche Menschen zögern beim Gebet, »Dein Wille geschehe« auszusprechen, aus dem Gefühl heraus, sich willenlos zu ergeben, einer Willkür ausgeliefert zu sein.

Doch die Bitte, die wir so oft im Vaterunser aussprechen, hat eine ganz andere Ausrichtung. Es ist kein anonymer Wille einer unbekannten Autorität, vor dem wir kapitulieren. Es ist der Wille, der sich in so vielen Weisen mitgeteilt hat, auch wenn immer ein Anteil des Unverständlichen und Verborgenen bleibt. Das Ja Gottes zum Leben und zu meiner Person, sein Wille, dass das Leben des Menschen gelinge, dass keiner verloren gehe, dass die Mühseligen wieder Kraft finden, dass auch aus Niederlage und Tod neues Leben erwächst, zieht sich wie ein roter Faden durch das Zeugnis der Bibel.

»Dein Wille geschehe« wird zum Ausdruck des Vertrauens auf all das, was Gott an Zuwendung schenkt. Zuweilen rätseln wir über diesen Willen angesichts der konkreten Ereignisse in unserem Leben und wir geraten in düstere Zweifel.

Alfred Hrdlicka, der sich zeitlebens als ungläubig bezeichnet hat, schuf mit dem Emmausbild in dem Zyklus des »Plötzenseer Totentanzes« einen großartigen Ausdruck dieser vertrauenden Hoffnung auch angesichts des Dunkels.

Die Emmausszene ist in die Gefängniszelle der Haftanstalt Plötzensee versetzt. Die Haken an der Wand weisen hin auf die zynische Gewalt und Menschenverachtung, die sich in diesem Gefängnis der Gestapo ausbreiteten. Es ist ein Ort des Grauens, finster, scheinbar ohne jede Hoffnung. In einer Gruppe sitzen die Strafgefangenen, in der Mitte bricht Jesus das Brot. Er ist kahl geschoren, wie die anderen Gefangenen, Ausdruck der Aussage, dass er uns Menschen in allem gleich geworden ist, außer der Sünde. Doch der Hirte verlässt die Herde nicht, er ist für die Seinen da.

Die abgrundtiefe Trauer der Situation wird dadurch verschärft, dass ein Wärter einen der Gefangenen abführt, die Hinrichtung steht bevor. Doch der Mittelpunkt des Bildes ist eindeutig durch das einfallende Licht auf die Gestalt Jesu hin orientiert. Wie den Jüngern von Emmaus bricht er das Brot, damit die Augen aufgehen für eine Hoffnung, die durch nichts zerstört werden kann. So widerwärtig das Böse auch sein mag, es kann die Zuwendung Gottes zum suchenden und leidenden Menschen nicht aussperren. Im Vertrauen darauf ist ein Alfred Delp, der in Berlin Plötzensee hingerichtet worden ist, und sind viele andere den letzten Weg gegangen. Sie mussten letzte Sicherheiten verlassen und sich ganz auf die Zuwendung Gottes verlassen, der selbst durch das Dunkel des Kreuzestodes gegangen ist.

Das Vertrauen, dass da auch angesichts aller Verlassenheit und Schwere des Lebens eine Geborgenheit ist, die uns umfängt, tröstet und trägt, ist in den Wandlungen des Lebens unterschiedlich möglich und oft buchstäblich eine Zumutung.

Alfred Hrdlicka, Emmaus

Gott ist auch
im Leiden bei uns

Gerade in großen Belastungssituationen erfordert es einen Schritt, der wie ein Sprung in ein unbekanntes Dunkel anmutet. Doch das Tag für Tag erneuerte und in den vielen Höhen und Tiefen gelebte Vertrauen kann sich als Quelle der Erfahrung auftun, dass aus dem bedrohlichen Dunkel eine liebevolle Zuwendung entgegenkommt, dass uns einer auffängt, der uns in seine Hand geschrieben hat und niemals fallen lassen wird.

Impulse zur Achtsamkeit für Gott

Der Stille Raum geben

~ Ich suche eine Form der Stille, die mir entspricht. Einen ruhigen Platz, eine bewusste Körperhaltung, die entspannt ist, die mich ruhig atmen lässt. Ich nehme die Stille bewusst wahr.

~ Ich versuche, dieser Form der Stille eine Regelmäßigkeit zu geben, vielleicht als tägliche Übung oder an bestimmten Tagen, zu bestimmten Zeiten.

~ In regelmäßigen Abständen versuche ich in der Stille über einen zurückliegenden Zeitabschnitt nachzudenken. Was war mir wichtig, was hat mich belastet, welche Fragen bewegen mich? Es kann hilfreich sein, einige Notizen in einem Tagebuch festzuhalten und sie später erneut zu betrachten. Was hat sich geändert? Wie sehe ich die Ereignisse heute?

Der Bibel begegnen

~ Ich kann täglich oder wöchentlich einen Impuls aus der Bibel aufnehmen. Dazu kann ich mir selbst kurze Abschnitte eines biblischen Buches vornehmen oder mich an Lesevorschlägen (zum Beispiel Katholisches Bibelwerk Stuttgart) orientieren. Welche Gedanken ruft der Text in mir wach, welche Fragen, worauf macht er mich aufmerksam, welche neue Perspektive zeigt er mir?

~ Ich wähle mir für eine bestimmte Zeit eine aussagekräftige biblische Gestalt (zum Beispiel Abraham, Mose, Jakob, David, Rut, Maria von Magdala ...). Ich lese

immer wieder biblische Texte über diese Person, fort-
laufend oder wiederholend. Welche Erfahrungen sprechen mich an, welche Verbindungen zu meinem Leben
entdecke ich, was bleibt mir fremd, unverständlich,
was regt mich zum Weiterdenken an?

~ Ich kann mich mit anderen Menschen über meine Be-
schäftigung mit der Bibel austauschen. Dies kann ein
Bibelgesprächskreis einer Pfarrgemeinde, der Freun-
deskreis oder die Familie sein. Was bewegt die anderen? Was entdecken sie? Welche Ähnlichkeiten und
Unterschiede der Betrachtungsweise stellen wir fest?

Das Gebet pflegen

~ Ich überprüfe meine persönliche Gebetspraxis. Was ist
mir fremd und ohne Bedeutung? Welche negativen Erfahrungen habe ich, welche Bedürfnisse? In welcher
Weise könnte Gebet für mich sinnvoll sein?

~ Ich kann eine eigene Gebetspraxis schaffen: kurze Ta-
geszeitengebete, zum Tagesbeginn und -abschluss,
sinnvolle und wechselnde Tischgebete mit der Familie,
Aussprechen der eigenen Empfindungen in sponta-
nen und kurzen Worten vor Gott, Beten mit den Psalmen der Bibel.

~ Ich übe es für mich ein, meine ganze Wirklichkeit im
Gespräch auszudrücken: Dank und Freude, Klage und
Enttäuschung, Zweifel, Hoffnung und Fragen. Ich zeige
mich im Gebet Gott so, wie ich bin und wie es mir im
Augenblick geht.

DER WEG DER LIEBE –
EINE ZUSAMMENFASSUNG

Christlicher Glaube hat in der modernen Gesellschaft vielfach mit einem »Übersetzungsproblem« zu kämpfen. Die Sprache des Glaubens wird von vielen Menschen nicht mehr verstanden, erscheint fremd und lebensfern. Die innersten Anliegen der Botschaft kommen nicht mehr »rüber«, bleiben in einer Binnensprache und entfalten ihre Kraft nicht mehr in der Lebenswirklichkeit. Das Bemühen um eine »Übersetzung« der Botschaft in das Verständnis der Menschen einer Zeit ist eine Anforderung aller Epochen, ebenso wie das Bemühen um Verstehen dessen, was zentral ist.

Ein typisches Beispiel für die Gefahr des Missverstehens ist die Rede von den »Geboten«. Die hebräische Bibel spricht von der »Tora« und verwendet damit das Wort von der Weisung als einer Hilfe, wie sie Eltern ihren Kindern geben, um sie vor den Fallen des Todes zu bewahren. In der griechischen Übersetzung begegnet uns das Wort vom »Dekalog«, dem

Zehnwort. Mit dieser Formulierung wird der Logos – das Wort Gottes – als orientierende Lebenshilfe für Menschen verdichtet. In der deutschen Sprache sind daraus generell »Gebote« geworden. In dieser Übersetzung klingt für viele Menschen ein Verständnis von Willkür, Befehl und autoritärer Verfügung mit, das dem eigenen Lebensverständnis widerspricht. Zugleich wird der fürsorgliche und liebevolle Aspekt der lebensfreundlichen Weisungen, wie sie die Bibel verkündet, überlagert und deformiert. Dadurch verliert der Glaube oft die Möglichkeit, Menschen in kritischen Situationen Kraft und neue Lebensquellen zu erschließen.

In der Tradition der Evangelien begegnet uns ein Brennpunkt der Verkündigung Jesu im sogenannten »Hauptgebot«. Auf die Frage nach dem wichtigsten Gebot knüpft Jesus an die Tradition der Tora an und antwortet:

> *Das erste ist: Höre, Israel, der Herr, unser Gott, ist der einzige Herr.*
> *Darum sollst du den Herrn, deinen Gott, lieben mit ganzem Herzen und ganzer Seele, mit all deinen Gedanken und all deiner Kraft.*
> *Als zweites kommt hinzu: Du sollst deinen Nächsten lieben wie dich selbst. Kein anderes Gebot ist größer als diese beiden.*
>
> *Markus 12,29–31*

Kaum ein anderes Zitat des Neuen Testamentes ist bekannter und mehr zitiert. Doch darin liegt auch die Gefahr einer möglichen Abnützung und Gedankenlosigkeit. Der Tiefgang der Weisung Jesu, die große Dichte dieser Mitte christlicher Botschaft, droht im Gewöhnungseffekt etwas verloren zu gehen.

Das Wort Jesu zeigt auf, worin die größte Gefahr für den Menschen besteht: im Verlust der Liebe. Liebe als ganzheitliches Geschehen des Menschen, mehr als ein Gedanke, mehr als ein Gefühl, mehr als Stimmung und Wollen, fordert uns unser ganzes Leben heraus. Liebe als Urbeziehung von Eltern zu ihrem Kind, Liebe als tiefe Form menschlichen Miteinanders, Liebe als selbstlose Hinwendung zum anderen, zur Natur und ihren Geschöpfen, Liebe als Partnerschaft mit Leib und Seele.

Nie ist sie ganz zu verstehen, nie sind wir mit ihr »fertig«, immer bleibt sie ein Geheimnis. Paulus bringt es in seinem Lobgesang auf die Liebe in beeindruckender Sprache zum Ausdruck, dass sie langmütig und gütig ist, sich nicht ereifert und nicht prahlt, nicht ihren eigenen Vorteil sucht (1 Korinther 13). Vor allem macht er deutlich, dass ohne Liebe alles nichts ist, jede Überzeugung, jede Kraft, jede Leidenschaft geht ins Leere, wenn die Liebe verloren gegangen ist.

Die Evangelien führen uns die Liebe als umfassenden Lebensauftrag vor Augen: Die Liebe zu Gott, die Liebe zum Nächsten und die Liebe zu sich selbst. Die gesamte biblische Tradition wird in dieser Sichtweise gebündelt und auf den Punkt gebracht, die tiefsten

Quellen in der eigenen Person, im Du und in Gott sichtbar gemacht. Glaube als lebenslanges und manchmal so vielschichtiges und kompliziertes Geschehen wird elementarisiert, auf die wichtigsten Grundströme der Lebensquellen zurückgeführt. In dieser Klärung und Grundsätzlichkeit offenbart die Weisung Jesu eine tiefe Lebenshilfe.

Für die Weisung Jesu ist es ein enger Zusammenhang: Die Kraftquellen des Lebens versiegen, wenn die Liebe verloren geht. Wenn ich mich selbst nicht mehr liebend achte, wenn die Hinwendung zum anderen lieblos wird und ein letzter tragender Grund des Lebens mein Herz nicht mehr berührt, droht sich eine Leere aufzutun, die mir die letzten Kräfte nimmt.

Das »Hauptgebot der Liebe« ist ein Lebenswort, das befreiende Wegweisung für jede Lebensgestaltung werden kann und Maßstab jeder christlichen Seelsorge sein muss. Die Ermutigung des Menschen, zu sich selbst Ja zu sagen, die Stärkung von authentischer Gemeinschaft und liebevoller zwischenmenschlicher Zuwendung und die Eröffnung einer Begegnung mit dem Gott der Bibel sind für die Verkündigung der Kirchen unverrückbar und verbindlich.

Die Bejahung seiner selbst und des Mitmenschen und die Ausrichtung auf das Geheimnis Gottes entspringen nicht Trends und Launen einer Seelsorge, die nach Erfolgsrezepten sucht und die innovativ und gewinnend wirken will. Es ist der Weg, den Jesus weist, der Weg der Liebe, den es jeden Tag neu zu suchen gilt und der zu den Quellen des Lebens führt.

Liebe und Menschlichkeit können ihr Wesen dann entfalten, wenn sie keinen zusätzlichen Zweck verfolgen und sich ganz und gar dem anderen widmen. So will auch dieses Buch keinem Hintergedanken dienen, sondern Menschen in ihren Bedürfnissen das Angebot eines Quellenganges machen. Wenn sie in der Vielfalt ihrer Beanspruchungen und Alltagssituationen Impulse und Wege entdecken, die neue Kraft schenken können, hat sich der Wunsch des Autors mehr als erfüllt.

QUELLENVERZEICHNIS

S. 17 Reiner Kunze, aus: gespäch mit der amsel © S. Fischer Verlag GmbH, Frankfurt/M. 1984

S. 23 Sanduhr © Ron Smith: ©2010 iStockphoto

S. 25 Hilde Domin, aus: Der Baum blüht trotzdem © S. Fischer Verlag GmbH, Frankfurt/M. 1999

S. 42 Marie Louise Kaschnitz, aus: Gesammelte Werke, Bd. 5. Die Gedichte, 1985 Insel Verlag, Frankfurt © Claassen Verlag in der Ullstein Buchverlage GmbH, Berlin

S. 45 Käthe Kollwitz ©VG Bild-Kunst, Bonn 2010

S. 53 Lioba Munz © Abtei St. Maria, Fulda

S. 82 Seifenblasen © Ben Blankenburg: ©2010 iStockphoto

S. 89 Günter Kunert, aus: Erinnerungen an einen Planeten. Gedichte aus fünfzehn Jahren © Carl Hanser Verlag, München 1963

S. 99 © Sieger Köder, Hohes Lied, aus: Eine Tübinger Bibel in Bildern, Verlag Katholisches Bibelwerk

S. 106 Rose Ausländer, aus: Wieder ein Tag aus Glut und Wind. Gedichte 1980–1982 © S. Fischer Verlag GmbH, Frankfurt/M. 1986

S. 127 Reiner Kunze, aus: auf eigene hoffnung © S. Fischer Verlag GmbH, Frankfurt/M. 1981

S. 135 Marie Luise Kaschnitz, aus: Steht noch dahin © Suhrkamp Verlag, Frankfurt/M. 1970

Neuer Lebensmut

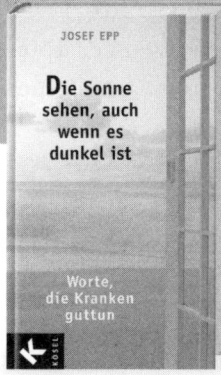

Josef Epp
DIE SONNE SEHEN,
AUCH WENN ES DUNKEL IST
ISBN 978-3-466-36786-3

Ein Buch für Momente, in denen oft die Worte
fehlen: beim Besuch im Krankenhaus, nach
einer schweren Diagnose, in persönlichen
Krisen ... Die einfühlsamen Texte geben die
Gewissheit, mit dem eigenen Schicksal nicht
allein zu sein. Sie schenken neue Hoffnung in
Zeiten der Erschütterung – für Kranke, ihre
Angehörigen und andere Wegbegleiter.

www.koesel.de Sachbücher & Ratgeber

KÖSEL